Dein Weg war im Meer
und in großen Wassern,
die Spur Deines Fußes
hat keiner gesehen.
Psalm 77,20

Roman

Dietrich Heyde

KÄPT'N RICKLEF PETERSEN

Ein Halligleben

Husum

Bildnachweis Titel: Hallig Hooge Warft, pixabay
Bildnachweis Rückseite: Jacob Alberts, Blühende Hallig, Wikipedia

Bibliografische Information der Deutschen Nationalbibliothek
Die Deutsche Nationalbibliothek verzeichnet diese Publikation in der Deutschen Nationalbibliografie; detaillierte bibliografische Daten sind im Internet über http://dnb.dnb.de abrufbar

Gesamtherstellung: Husum Druck- und Verlagsgesellschaft
Postfach 1480, D-25804 Husum – www.verlagsgruppe.de
ISBN 978-3-96717-158-7

Leinen los

Noch Jahre später, ich hatte die Hallig längst verlassen, sah ich in meinen Gedanken und Träumen Käpt'n Ricklef Petersen auf seinem Frachtschiff unerschrocken in die Nacht der Stürme treten. Wie auf einer Welle sah ich ihn von Abenteuer zu Abenteuer reiten, die so unverwechselbar zu seinem Leben gehörten wie die feuerrote Nelke im Knopfloch seines Jacketts, mit der er geradezu verwachsen schien. Denn wo immer er war, auf See oder an Land, nie sah man ihn ohne rote Nelke.

Ricklef war klein von Gestalt und schmächtig. Dass er deshalb auch Spott erfuhr und immer wieder unterschätzt wurde, schien ihm nichts auszumachen. Ihm war durchaus bewusst, dass der Himmel ihm an Willensstärke zugelegt hatte, was ihm an Körpergröße und Muskelkraft fehlte. Vielleicht war das der Grund, warum er mehr wagte als andere und sich immer wieder auf riskante Abenteuer einließ.

Als er einmal im Winter bei eisigen Temperaturen und dichtem Treibeis noch kurz vor Einbruch der Dunkelheit von Husum auslief, rief ihm der Hafenmeister zu:

„Bist du verrückt?"

„Ich will nach Hause", schrie Ricklef und lachte.

„Das kommst du nicht!"

„Ich komme!", rief Ricklef und „Leinen los!"

Kurz darauf war er den Blicken des Hafenmeisters entschwunden und in die Eiswüste des Gezeitenstroms eingetaucht. Die Silhouette des Husumer Hafens verlor sich im Dunst des Horizonts. Schnell trug ihn die Strömung den Heverstrom hinauf, vorbei an Süderhafen und der Insel Nordstrand, an deren Flutsaum sich Eisschollen zu bizarren Formen auftürmten. Käpt'n Petersen sah die Sonne rot wie eine Blutorange im Eismeer versinken. Als er kurz darauf im Westen eine mächtige Wolke sah, die den ganzen Himmel bedeckte, dachte er sich nichts dabei. Er manövrierte seinen Ewer so gut es ging durch das Eis und folgte den Baken und Tonnen, die die Fahrrinne markieren. Plötzlich jedoch schien ihm die Wolke undurchdringlich wie eine Wand und zusammen mit den Eisblöcken im Wasser eine riesige, gefährliche Masse zu bilden, die nicht nur auf ihn zukam, sondern ihn von allen Seiten zu umzingeln trachtete.

Seenebel, dachte er.

Das sind Nebelbänke, und ich fahre direkt hinein!

Ricklef überlegte einen Augenblick, ob er umkehren sollte, verwarf aber den Gedanken sofort wieder. Er wusste aus Erfahrung, dass die Nebel, so überraschend schnell sie auf See kommen, sich auch wieder auflösen und verschwinden konnten. Und was ihn herausforderte und lockte, war das Risiko. Für ihn hatten die Fahrten auf See etwas von einem Spiel, bei dem immer Gewinn und Verlust dabei war, und meist von der unerwarteten Seite. Darin lag ein Reiz, dem sich Ricklef Petersen nicht entziehen konnte.

Und so fuhr er in die eisige Nacht, die sich vor ihm auftat, machte sein Frachtschiff an einer Bake fest und wartete in der Kajüte, wo er das Logbuch der „Annemarie" zur Hand nahm und sich Notizen machte. Aus dem Logbuch war längst eine Art Tagebuch geworden, in das er Beobachtungen und Erlebnisse, auch Gedanken, Einfälle und Stimmungen notierte, die ihm wichtig erschienen. Im Alter wurde es zu einer Quelle der Erinnerung, aus der er schöpfen konnte, wenn er aus seinem Leben erzählte, was ihm so lebendig und authentisch gelang, als wäre die Vergangenheit eine andere Form der Gegenwart.

Es mögen zwei oder drei Stunden gewesen sein, die Ricklef wartete. Dann lichtete sich die Wolke, und er hatte das Glück, dass ihn die Strömung bei schwerem Eisgang zur Hallig trug, die er um Mitternacht erreichte. Als Ricklef tags darauf den Postschiffer Leif Hansen traf, machte der große Augen und fragte:

„Sag mal, wo kommst du denn her?"

„Von Husum!", antwortete Ricklef.

„Das kann nicht sein", sagte Leif Hansen. „Unmöglich!"

„Ruf den Hafenmeister an, wenn du mir nicht glaubst", meinte Ricklef.

Keiner hat mir so wie Käpt'n Ricklef Petersen verdeutlichen können, dass der menschliche Wille Herausforderungen braucht, um nicht zu erschlaffen. Als er einmal gefragt wurde, wie es kommt, dass er meist schaffe, was er sich vorgenommen hat, meinte er:

„Mein erstes Gefühl auf dem Schiff, wenn es ablegt und in See sticht, entscheidet über das Kommende. Habe ich Frust oder Langeweile, dann fahren die mit. Habe ich Mut, Lust und Siegeswillen, sind die mit an Deck." Und lächelnd fügte er hinzu: „Du wächst, du reifst an den Widerständen und Hindernissen, die sich dir in den Weg stellen."

Für Käpt'n Ricklef Petersen war die Halligwelt so komplex wie das Leben selbst. Er liebte die Spannung des weiten Horizonts und der kargen Landschaft. Alle Nuancen von sonnendurchfluteter Stille bis hin zu wilden Stürmen und Eisformationen zogen ihn an. Und den bewegten Ablauf der Natur fand er in den Menschen wieder.

Erstes Kapitel

1. Die Stimme der Wasser

Zu den unvergesslichen Augenblicken meiner Jahre auf Hallig Hooge zählen die Winterabende, an denen zur Dämmerstunde in geselliger Runde Geschichten erzählt wurden. Tragende Säule dieser Runde, zu der noch Ipke Feddersen und Hannes Boysen gehörten, war Käpt'n Ricklef Petersen von Backenswarft. Als er alt war und auf sein Leben zurücksah, schien es ihm, als habe er mehrere Leben gelebt. Er wusste nicht, welche versunkenen Abenteuer und Leidenschaften sein Wesen geformt hatten. Nur dass wir Menschen tiefer in der Vorzeit verwurzelt sind, als unser Bewusstsein es wahrhaben will, war ihm gewiss.

Die Dämmerstunden in Annemaries Friesenpesel, von denen die Halligleute sagen, an die kannst du den Kopf lehnen und den Lärm der Welt vergessen, hatten uns viele Male mit Käpt'n Ricklef Petersen zusammengeführt. Still genossen wir Teepunsch und Knerken, das vorzügliche Halliggebäck, während der alte Mann aus seinem Leben erzählte und dabei immer wieder eine seiner zahlreichen Pfeifen mit süßem Tabak füllte, sie ansteckte und ihr so wohlgeformte Wolkenkringel entlockte, als hätte er sie zu Boten seiner Gedanken und Erinnerungen bestimmt. Ihm zuzuhören, wenn er aus seinem Leben erzählte, war mir ein besonderes Erlebnis, sodass ich mich entschloss, ihm ein Gedächtnis zu stiften und das in Dämmerstunden Gehörte so authentisch und getreu wie möglich aufzuschreiben.

In jungen Jahren lag Ricklef mit Vorliebe auf Salzwiesen im Violett der Bondesstave. Wenn ihm dann der Wind das Geräusch und den Geruch des Meeres zutrug, vergaß er, was um ihn herum war. Gedankenverloren starrte er in den Hallighimmel und lehnte sich an seine Sehnsüchte und Träume. In denen ritt er auf Wogenkämmen und auf Wolken oder sah sich im Eismeer vor Grönland als Walfänger, der wagemutig auf einer der Schaluppen die Harpune schwingt oder im Mastkorb Wale ausspäht. All das Vergangene schien in ihm gegenwärtig. Die Wasser hatten für den Zwölfjährigen eine Stimme. Sie flüsterten ihm Geschichten zu von früher, die sich mit seinem Leben verbanden. Dem Jungen fielen keine Worte ein zu sagen, wie wunderbar das Meer war und die Winde und das Kreischen der Möwen und Austernfischer.

Im Grunde hatte Ricklef, auf Hallig Hooge geboren, den Salzwind und Geschmack von Watt und Meer schon mit der Muttermilch in sich aufgesogen. Von Kindheit an wusste er, dass die Wasser der Westküste seine Bestimmung waren. Der Geruch des Meeres, so glaubte er, würde seiner Seele geradezu anhaften, ihr Kraft und Fantasie geben und sie beflügeln. Auf dem Wasser wusste er, dass er existierte. Auf dem Wasser entdeckte er sich selbst. Und so war Ricklef von frühster Jugend an entschlossen, seine Zeit und Kraft dem Meer zu widmen, es zu befahren und zu erkunden. Allein davon versprach er sich ein buntes, erfülltes Leben.

Schon früh hatte sich ihm die See geöffnet, als er auf dem kleinen Frachter des Schiffers Ingwer Brodersen von Ockelützwarft mitfahren durfte. „Harald" hieß das Schiff, das die Hallig mit allen notwendigen Gütern zu versorgen hatte. Als ihm zu allem noch erlaubt wurde, auf der Brücke zu stehen, den Frachter zu steuern und „Vorwärts!" und „Langsam!" und „Stopp!" über Deck zu rufen, da war sein Glück vollkommen. Und so wünschte er nichts sehnlicher, als eines Tages selbst ein Schiff zu besitzen.

Als der alte Mann diese Episode aus seiner Kindheit und Jugend erzählte, drückte er seine Kapitänsmütze tief in die Stirn und streifte uns mit Blicken, als wäre er aus Kindheitsträumen erwacht. Er griff nach seinem Krückstock, der ihn seit Jahren im Alter begleitete. Mit dem fuchtelte er temperamentvoll in der Luft herum, als wollte er noch einmal die Konturen des Frachters seiner Jugend nachzeichnen. Dann reinigte er seine Pfeife, steckte sich eine neue an und erzählte unter dem süßen Aroma des Rauches weiter.

2. Die verrinnende Zeit

Bis zu seinem zwölften Lebensjahr lebte Ricklef unbekümmert in den Tag hinein, wie Kinder es tun in dem Gefühl, als stünde ihnen Zeit unbegrenzt zur Verfügung. Für den Jungen war alles Zukunft. Von ihr erhoffte er Großes; und er erwartete sie voll Ungeduld. Dass Zeit etwas ist, was den Menschen durchströmt wie das Blut die Adern, er also selbst Teil verrinnender Zeit ist, die mit schmerzvollen Erfahrungen verbunden sein kann, wurde ihm erst bewusst, als sein Vater, der Bauer Hauke Bandix Petersen, schwer krank wurde.

Es war an einem kalten Dezembertag. Ein schneidender Wind aus Nordost hatte die Priele mit einer dicken Eisschicht geschlossen und Eisblumen an die Fenster der reetgedeckten Kate auf Backenswarft gemalt, in der die Petersens seit Generationen wohnten. Als Ricklef bei Sonnenuntergang vom Schlittschuhlaufen mit Leif Hansen, seinem Schulfreund von Hanswarft, erhitzt und ermüdet nach Hause kam, sah er seine Mutter tränenüberströmt am Alkoven sitzen, in dem sein Vater lag.

Die Krankenschwester sei schon da gewesen und habe nach dem „Retter" telefoniert, sagte sie. „Vadder soll nach Föhr, ins Krankenhaus."

Ricklefs Blicke fielen, während sie sprach, auf ein Wort, das in farbigen Buchstaben an der Stirnseite des Wandbettes geschrieben stand:

Lehre uns unsere Tage zählen,
damit wir klug werden.

Er kannte das Wort, das seit Generationen für die Familie Petersen Inbegriff verrinnender Zeit war. Schon öfter hatte es Ricklef gelesen, allerdings ohne sich viel dabei zu denken. In dem Augenblick aber, als er seinen Vater schwerkrank, hohlwangig und blass mit geschlossenen Augen daliegen sah und sich erinnerte, dass schon sein Großvater in dem Alkoven gelegen hatte und darin gestorben war, da machte der Spruch den Zwölfjährigen nachdenklich und begann, zu ihm zu sprechen. In seiner ganzen Bedeutung aber hat er sich ihm erst Jahre später erschlossen, als ihm klar wurde, wie kostbar Zeit ist, viel kostbarer als Geld und aller Besitz der Welt, und er erkannte, dass Zeit dem Menschen immer nur geliehen sei.

Zehn Jahre hat Hauke Bandix Petersen zu Bett gelegen, ehe er starb, und Ricklef musste gemeinsam mit Nanning, seinem älteren Bruder, der Mutter all die Jahre in der Landwirtschaft helfen – Wasser fürs Vieh pumpen und auf Fennen Heu ernten und einfahren. Der alte Käpt'n Petersen ließ, wenn er ins Erzählen kam, keinen Zweifel daran, wie schwer schon der Zwölfjährige arbeiten musste und wie elend er sich damals oft gefühlt habe.

Die dürftigen Wegverhältnisse auf den Halligen, unterbrochen von Prielen mit schmalen Brücken, hatten nur bedingt das Einbringen des Heus mit einem Pferdefuhrwerk erlaubt. Heute gibt es auf den Halligen asphaltierte Verkehrswege, und die Landwirtschaft wird von der Technik bestimmt. In Ricklefs Jugendjahren aber wurde das Heu noch in große Laken gebunden und vielfach auf dem Kopf zur Warft getragen oder mit einem Boot über die Priele nach Hause geschleppt. Und als er zur Schule ging, hatten die Hooger noch keinen Sommerdeich, der die Hallig befestigt. Der wurde erst in den Jahren 1911–14 gebaut. Darum konnte es geschehen, dass sommerliche Sturmfluten, die Heufluten genannt wurden, weite Teile des Meedelandes unter Wasser setzten und das Heu wegschwemmten.

„Und im Frühjahr, so um die Osterzeit", sagte Käpt'n Petersen, „fingen wir an, aus Kuhdung Ditten zu treten für den Herd in der Küche, worüber sich hartnäckig das Gerücht hielt, ich hätte vom Durchkneten meine großen Füße bekommen."

Bei den letzten Worten erschien ein schlaues Grinsen auf dem faltigen, wettergegerbten Gesicht des Erzählers, das wieder nachdenklichem Ernst wich, als er erklärte, dass bei günstiger Witterung die Ditten Ende Mai, Anfang Juni trocken waren und auf den Boden getragen und dort gelagert wurden. In der Landwirtschaft könne man den Kuhdung nicht gebrauchen. Es wäre ein gefundenes Fressen für den Blanken Hans, würde man das Land umpflügen und düngen. Schnell hätten die Fluten den Kuhdung mitgenommen und weggespült.

So bereitwillig und tüchtig Ricklef all die Jahre arbeitete und seiner Mutter in der Krankheit des Vaters half und ihr zur Seite stand, - er ließ keinen Zweifel daran, dass ihm die Zeit, die er nicht auf See sein konnte, verloren erschien, verloren wie Wasser, das auf die Erde gegossen nicht wieder eingesammelt werden kann.

„Bei all der Arbeit blieb keine Zeit mehr für Schiff und Meer, nicht eine Stunde", sagte er. „Auch nach der Schulzeit - ich kam nicht weg von der Hallig und war ziemlich verzweifelt damals. Und natürlich hätten es mein Vater und meine Mutter am liebsten gesehen, wenn ich wie mein Bruder Nanning ganz zu Hause und in der Landwirtschaft geblieben wäre."

3. Atemhilfe

Doch wusste Ricklef seinen Schmerz, nach der Schulzeit nicht sein Patent machen zu können und zur See zu fahren, nachhaltig zu lindern, indem er die Stunden, die ihm allein gehörten, lesend verbrachte. Nachdem ihm durch seines Vaters Krankheit die verrinnende Zeit bewusst geworden war und mit ihr die Unberechenbarkeit des Lebens, verspürte er über seine mit Arbeit in der Landwirtschaft ausgefüllten Tage hinaus einen Hunger nach erfüllter Zeit, den er mit Büchern zu stillen suchte, die ihm von fernen Inseln und Abenteuern auf See erzählten. Er liebte die Bücher, weil sie die Stille alles Vergangenen in sich trugen, in der sich Träume entfalten und mit seinem Leben verbinden konnten.

Und so waren es vor allem die langen Winterabende - die sahen ihn im Pesel, wo er mit Vorliebe am Bilegger saß, einem gusseisernen Ofen, der vom Küchenherd mitgeheizt wurde und dessen Eisenplatten einen Mann zeigten, der von einem Walfisch an Land gespien wird.

Während der Lektüre von Geschichten aus vergangenen Tagen, die ihm ferne Räume erschlossen, überließ sich Ricklef gern Träumereien. Dann schaute er hinauf zur Decke, wo er in bunten Farben zwischen den Deckenbalken die Kontinente der Erde sah, bekam feuchte Augen und genoss still sein Fernweh; oder fixierte an der Querwand des Pesels ein aus mehreren alten Fliesen bestehendes Schiffsbild so innig und intensiv, bis sich ihm ersehnte und erträumte Weiten öffneten. Manchmal blieben seine Blicke auch an einem Eckschapp haften, in dem Wattfunde waren. Die erzählten ihm Geschichten vom Meeresgrund, auf dem einst Menschen lebten und Kinder spielten, bis todbringende Wogen der großen Sturmfluten alles Leben überrollten und auslöschten.

Doch was Ricklef, der nicht nur mit den Augen, mehr noch mit dem Leben las, zur Atemhilfe wurde, war seinem Vater besonders in den Jahren seiner Krankheit ein Ärgernis, das ihm immer wieder Zornesröte ins Gesicht trieb. Natürlich hatte er gemerkt, dass seinem Sohn der Sinn für Landwirtschaft abging, wollte sich damit aber nicht abfinden und meinte sogar, Ricklef wäre mit seinen Gedanken immer woanders und würde nicht einmal mehr wahrnehmen, wenn auf der Warft im kleinen Garten der Mutter die Kartoffeln blühen. Besorgt um seine Landwirtschaft, haderte der Altbauer mit seinem Geschick und mit Ricklef, seinem Sohn, den er darum von Zeit zu Zeit an sein Wandbett rief und ermahnte.

Die Landwirtschaft brauche keinen Gelehrten, grollte er. Und schon gar keinen Träumer. „Willst du wissen, was sie braucht? Ich will es dir sagen – einen Mann mit praktischem Sinn, der mit beiden Beinen auf der Hallig steht, ja, das braucht sie. Versteh das doch, Junge!"

Der Vierzehnjährige biss sich auf die Lippen und wollte widersprechen, blieb aber still und sagte kein Wort, um seinen Vater nicht durch Widerrede noch mehr gegen sich aufzubringen. Doch beseelte den Jungen ein unbeugsamer Trotz.

„Warum sagst du nichts?", fragte der Vater und sah seinen Sohn aus rot unterlaufenen, tiefliegenden müden Augen an. Als der weiter beharrlich schwieg, meinte der Vater:

„Dann sag mir wenigstens, wenn du mir sonst nichts zu sagen hast, warum in aller Welt bist du nur so oft bei diesem Ingwer Brodersen, bei den Leuten auf Ockelützwarft? Muss das sein?"

Dem Altbauer Hauke Bandix Petersen war nicht verborgen geblieben, dass sich sein Sohn schon während der Schulzeit und noch mehr danach oft und gern bei dem Schiffer Ingwer Brodersen aufhielt. Ricklef hatte sich auch gar nicht bemüht, seine Besuche auf Ockelützwarft zu verheimlichen. Er wusste, dass es sein Vater nicht gern sah, weil er glaubte, der Schiffer Ingwer Brodersen sei es gewesen, der seinem Sohn den Floh mit dem Schiff und der Seefahrt ins Ohr gesetzt habe. Schon früher hatte der Junge versucht, dieses Vorurteil seinem Vater auszureden und ihm erklärt, er tue Ingwer Brodersen Unrecht, es sei allein sein Entschluss und Herzenswunsch, zur See zu fahren. Aber vergeblich. Sein Vater blieb dabei, Ingwer Brodersens Einfluss auf Ricklef und seine Entwicklung für schädlich zu halten.

Dass der junge Ricklef gern die Ockelützwarft aufsuchte, weil er dort auch Anni begegnete, des Schiffers Tochter – einem Mädchen mit blonden Zöpfen und lachenden Augen, mit der er die zweiklassige Grund- und Hauptschule besucht hatte und zu der er sich in den Jahren danach hingezogen fühlte, – sagte er seinem Vater nicht. Er verschwieg es nicht absichtlich und schon gar nicht aus bösem Willen. Ricklef war sich einfach selbst noch nicht der Bedeutung bewusst, die Anni für ihn hatte, als der Vater ihn fragte, geschweige denn, dass er auch nur entfernt ahnte, wie wichtig sie einmal für ihn sein würde.

So sehr sich Ricklef bemühte, seinen Vater, krank wie er war und besorgt um seinen landwirtschaftlichen Betrieb, zu verstehen und nicht aufzuregen, sondern zu beruhigen, indem er auf Nanning hinwies, seinen älteren Bruder; der sei ja schließlich auch noch da und als älterer Sohn doch ohnehin der Erbe, der den Hof einmal übernehmen soll, – es half Ricklef nichts. Was er auch tat und sagte, sein Vater, der Bauer Hauke Bandix Petersen, blieb bei seiner Einstellung, die den Sohn belastete und ihm schwer auf der Seele lag.

4. Der Halligmaler

Dass ihm der Vater aber vorhielt, er würde nicht wahrnehmen, was in der Natur wachse und blühe, wollte Ricklef nun doch nicht unwidersprochen auf sich sitzen lassen, bildete er sich doch ein, für alles, was auf der Hallig und im Watt wächst und gedeiht, wache Sinne zu haben. Von Kindheit an war seine Freude groß, wenn sich im Frühling die rosafarbenen Strandnelken zeigten oder im Spätsommer der violette Teppich des Hallig-Flieders die Wiesen zum Blühen brachte. Und wie hat er es als Junge genossen, übers Watt zu laufen zwischen Queller und Schlickgras und sich erfreut an Suden, dem Meerstrandwegerich, dessen fleischige Blätter sie in schlechten Zeiten als Gemüse gegessen haben. Nein, er wollte, ja musste seinem Vater sagen, wie sehr er sich täuscht und was er in Wahrheit für die Natur empfinde und wartete nur auf den rechten Augenblick und eine günstige Gelegenheit.

Doch die Tage vergingen und dehnten sich zu Wochen, die Wochen wuchsen zu Monaten und die Monate zu Jahren. Aus dem Jungen wurde ein Mann von einundzwanzig Jahren, ehe der gelegene Tag kam. Und der kam, als Ole Onken von Mitteltritt den Bauern Hauke Bandix Petersen besuchte und sich die beiden über Jacob Alberts, den Halligmaler, unterhielten. Ricklef wusste, dass sein Vater die Bilder des nah am Meer, im verträumten Westerhever geborenen Bauernsohnes mochte und Ole Onken ein Liebhaber und Kenner seiner Kunst war. Beide hatten, wenn sie zusammen waren, schon oft über Jacob Alberts gesprochen, der im Winter in Berlin arbeitete und seit dem Jahr 1895 in den Sommermonaten nach Hooge kam und seine Bildmotive auf der Hallig fand. Ricklef kam zufällig dazu, als Ole Onken sagte:

„Für die Bilder von Alberts sind die Durch- und Ausblicke kennzeichnend." Dafür sei die Zeichnung *Blaue Diele auf Hallig Hooge* ein schönes Beispiel.

„Die er bei uns auf Backenswarft gemalt hat", sagte der Altbauer mit einem Anflug von Stolz und war bemüht, sich in seinem Bett aufzurichten. Der Innenraum öffne sich durch den Blick über die Hallig.

„Ja, Hauke, es ist so, wie du sagst", meinte Ole Onken. „Alberts hat auf den Halligen zunächst Innenräume von Kirchen und Halligháusern gemalt. Vermitteln schon seine Innenraumbilder Licht, Luft und Weite, so noch mehr seine Landschaftsbilder wie *Blühende Hallig* und *Frühling auf der Hallig*."

„Oder auch das Bild *Stilles Meer,* das ich so gern mag", schaltete sich Haukes Sohn ein. „Konnte mich nicht satt sehen an den Spiegelungen der Wolken im

Wasser mit ihrem lila Ton wie Hallig-Flieder. Der ganze lila Himmel blüht. Einfach toll!", schwärmte er.

Und Ole Onken, bei dem Ricklef das Bild gesehen hatte, bestätigte: „Ja, ich finde es auch gelungen. Alles ist Himmel. Und alles ist Meer. In blau-lila Farbgebung. Was sagst du zu deinem Sohn, Hauke? Wer so wach und aufmerksam wie er von der Kunst spricht, muss für die Natur und Halliglandschaft doch einen geraden Sinn haben – oder?!"

Der Altbauer machte einige fahrige Bewegungen, als wollte er etwas sagen. Als er still blieb, meinte Ole:

„Es gelingt dem Maler auf seinen Bildern, die vom Sonnenlicht durchflutete Stimmung von Ruhe und Einsamkeit zum Ausdruck zu bringen, wie auch ich sie auf der Hallig erlebt habe."

„Und der Mensch? Wo sind wir Menschen auf dem Bild *Stilles Meer*?", fragte Ricklef, machte eine kurze Pause und sagte mit einer schnellen Bewegung eine gerade Linie in die Luft zeichnend:

„Da sind wir. Da zwischen Himmel und Meer. Nicht mehr als ein Strich und wie Streusel am Horizont", lachte Ricklef. „Wie klein sich doch der Mensch in dieser Landschaft ausnimmt."

„Das kann man wohl sagen", meldete sich Ricklefs Vater zu Wort. „Gut gesehen, mein Sohn!"

„Wer in der Halligwelt lebt und sich mit der Landschaft verbunden weiß", sagte Ole, „der muss erkennen, was Demut ist, um es mit einem alten Wort zu sagen, dessen Sinn und Bedeutung uns heute leider weitgehend abhandengekommen ist. Angesichts der Größe der Natur und ihrer Gewalten, denen wir hier draußen ausgeliefert sind, wird der Mensch heilsam klein und bescheiden."

„Ja, er wird demütig", wiederholte Hauke Bandix Petersen leise und drehte seinen Kopf zur Wand, um die Wasser zu verbergen, die sich in seinen Augen gesammelt hatten.

Sie schwiegen eine Weile, bis Ole Onken sagte, es gäbe ein altes Wort, das lautet:

Wie sich im Wasser das Angesicht spiegelt,
so die Landschaft im Herzen der Menschen.

„Ja, das stimmt", meinte der Altbauer, „wir Menschen hier draußen sind unmittelbar mit der Landschaft verbunden, ich glaube unmittelbarer, als es woanders der Fall ist. Diese Handvoll Erde inmitten des Meeres hat uns geprägt und spiegelt unser Wesen. Wir Halligleute sind, was in der Landschaft zum Ausdruck kommt. Und Demut gehört angesichts der Stürme zu ihrem Wesen."

„Und Stolz und Übermut führen zum Untergang", sagte Ole, „aber haben wir die Lektion von *Rungholt* gelernt?"

Als Ole den Namen *Rungholt* nannte, bemerkte Ricklef, dass sein Vater zusammenzuckte und sein Gesicht einen schmerzverzerrten Ausdruck annahm. Der Altbauer versuchte, noch einmal seine Kräfte zu sammeln und sagte dann Worte, deren Tiefe und Bedeutung Ricklef erst später klar geworden sind, Jahrzehnte später, als man wahrnahm, dass die Gletscher der Arktis schmelzen und die Meere steigen.

In Anspielung auf die Bilder von Jacob Alberts erklärte der Altbauer Hauke Bandix Petersen: Für das Meer sei die Hallig nur ein Innenraum, wohne doch den Wassern mit ihren Stürmen das Verlangen inne, ja die Gier, die Leidenschaft, die Kraft, sich die Halligwelt einzuverleiben.

„Und es wird ihnen gelingen, früher als wir ahnen. Hätten die Rungholter gedacht, dass ihr Ort einmal zum Innenraum des Meeres werden könnte?“ Das sagte er mit einem Gesichtsausdruck, der Ricklef unvergesslich blieb.

Jahrzehnte später notierte er in sein Logbuch, *das Meer habe ein Langzeitgedächtnis: Es bewahrt alte Geheimnisse aus Orten, wo zuvor einmal Menschen lebten.*

5. Knabe mit Schiff

An eben dem Tage, als Ole Onken Hauke Bandix Petersen besuchte, geschah noch etwas, das Ricklef tief berührte, ihm aber Zeit seines Lebens ein Rätsel geblieben ist: Sein Vater, der jahrelang Ricklefs Berufswunsch, mit einem Frachtschiff das Wattenmeer zu befahren, strikt abgelehnt hatte, hörte noch am selben Tag auf, gegen ihn zu mosern und zu streiten. Er wirkte plötzlich wie verwandelt und versöhnt mit seinem Sohn. Der Einundzwanzigjährige fragte sich nach dem Warum für den Sinneswandel seines Vaters und suchte nach einer Erklärung, konnte aber keine finden. Er sah nur, wie Ole Onken an seinem Jackett herumnestelte, als würde er etwas suchen. Es dauerte eine Weile, dann hielt er ein Foto in der Hand und zeigte es seinem Vater. Auf dem Bild blitzten aus einem struppigen Flachskopf wache, helle Augen über ein Schiff hin in eine mit Gewinn und Gefahr lockende Ferne. Ricklef erschrak, als er sich auf dem Foto erkannte in einer Pose, in der ihn der Maler Jacob Alberts vor Jahren gezeichnet hatte. Ole, der sah, wie blass und erschrocken Ricklef geworden war, nahm seine Hand, als wollte er sagen: Wes nich bang, min Jung!

Ricklef erinnerte sich noch gut, wie die Zeichnung zustande kam. Er war ein Knabe von dreizehn oder vierzehn Jahren und träumte auf einer lila blühenden Wiese so vor sich hin, als ihn der Halligmaler aufstöberte und nach einem Geplänkel, in dem ein Wort das andere gab, fragte:

„Na Ricklef, weißt du schon, was du mal werden willst?"

Ricklef erzählte ihm von seinem Wunsch und innigsten Traum, einmal ein Schiff zu besitzen und das Wattenmeer zu befahren, muss aber wohl ziemlich jämmerlich dreingeschaut haben, denn der Maler fragte ihn sehr direkt, warum er so traurig aussehe. Ricklef sagte ihm, dass sein Vater seinen Berufswunsch strikt ablehnen würde, weil er möchte, dass er wie sein Bruder einmal in der Landwirtschaft arbeite. Der Maler zeigte für Ricklef Verständnis und machte ihm Mut, nur ja über alle Widerstände hinweg an seinem Traum festzuhalten und das Beste zu hoffen, als er aus dem Gespräch heraus unvermittelt fragte:

„Sag mal, Ricklef, willst du dir 'ne Mark verdienen?"

„Warum nicht?", erwiderte der Junge und fragte neugierig, worum es denn gehe.

„Um eine Studie", erwiderte der Maler und ob Ricklef ihm dazu auf Backenswarft Modell sitzen würde.

Ricklef willigte ein, erzählte aber seinem Vater nichts davon. Er hatte Jacob Alberts ja schon öfter im Freien malen sehen und ihm dabei auch zuschauen dürfen, sollte aber für die Studie zu ihm auf die Backenswarft kommen, wo er im Friesenpesel einen Stuhl bereitgestellt hatte, auf den sich Ricklef barfüßig und die Hosenbeine etwas hochgekrempelt setzen sollte. Dann sah ihn der Maler kurz an und sagte, dass noch etwas fehle, ging hinaus und kehrte wenig später mit dem Modell eines besegelten Ewers zurück und sagte:

„Das hier, Ricklef, musst du in die Hände nehmen und halten. Und schau du seitlich über das Schiff hinweg in die Ferne. So möchte ich dich zeichnen. Das Schiff aber betrachte als Zeichen, dass dein Berufswunsch sich erfüllen wird."

Die Jahre vergingen. Ricklef hatte sein Modellsitzen längst vergessen, als Ole Onken das Foto mit der Studie von ihm seinem Vater zeigte. Er dachte, der würde jetzt zornig werden und aufbrausen und befürchtete ein großes Donnerwetter. Aber nichts von alledem geschah.

Nachdenklich betrachtete Hauke Bandix Petersen das Foto und sagte nichts. Dann starrte er mit Augen, die vor innerer Bewegung zu tränen begannen, über Ole und Ricklef hinweg ins Weite. Die beiden spürten, dass irgendetwas in ihm vorging, ihn etwas berührt haben musste, konnten es aber nicht benennen.

Der Altbauer schwieg, sah aber öfter zum Sohn hinüber und sagte am Ende mit leiser, brüchiger Stimme:

„Soll wohl so werden." Und: „Ist gut so!"

Danach erfüllte eine Stille den Raum, die in Ricklef ein einziges Verwundern und Staunen auslöste und ihm alle Beklemmung, allen Schrecken nahm. Er verstand nicht, was sein Vater meinte. Erst später begriff er, dass offenbar das Foto mit der Zeichnung von ihm und dem Schiff, das er in der Hand hielt, etwas in seinem Vater bewirkt und ausgelöst hatte. Denn fortan war er Ricklef gegenüber wie verwandelt, hat ihm nicht mehr seine Absicht, zur See zu fahren, vorgehalten und verübelt und kein Wort mehr davon gesagt, er solle in der Landwirtschaft arbeiten und bleiben. Still und unbemerkt hatte sich in ihm so etwas wie eine Versöhnung mit seinem Geschick und mit seinem Sohn vollzogen, deren Grund Ricklef nicht entschlüsseln konnte, die ihm aber einen Stein von der Seele nahm. Wenige Monate danach ist sein Vater gestorben.

6. Tod des Schiffers

Nach Krankheit und Tod des Altbauern Hauke Bandix Petersen vergingen die Jahre wie feiner Sand, der durch die Finger rieselt. Der Erste Weltkrieg war zu Ende, Kaiser Wilhelm II. hatte abgedankt, Berlin verlassen und in den Niederlanden Asyl gefunden; und in Weimar bekam die erste deutsche Republik eine demokratische Verfassung. Für Ricklef aber musste es aussehen, als hätte ihn der Himmel vergessen oder für etwas anderes vorgesehen, als er gedacht und sich erträumt hatte. Doch dann geschah eines Tages etwas, das ihn zutiefst aufwühlte und seinem Leben unerwartet eine Wende gab.

Es war im November, in einer von Blitzen erhellten Sturmnacht. Orkanböen hatten die Hallig unter Wasser gesetzt. Auf Ockelützwarft traf man Schutzmaßnahmen gegen Wasser und Sturm. Der Schiffer Ingwer Brodersen war mit anderen gerade dabei, Heudiemen, die aufgrund ihrer Höhe den Häusern einen gewissen Schutz boten, am Fuß der Warft zu bergen und zu sichern. Da geschah es, dass er plötzlich von einem der Heudiemen herunterfiel und tödlich verunglückte. Später wurde erzählt, der Engel des Todes sei als Blitz über ihn gekommen. Der habe sich aus einer schwarzen Wolkenwand gelöst, sei dann aber nicht ins Wasser gefahren und verschwunden, sondern wie ein feuriger Ball weitergerollt – genau dorthin, wo der Schiffer stand, als habe er ihn, nur ihn gesucht.

„Warum er?", fragte sich noch im Alter Käpt'n Ricklef Petersen in einem Tonfall innerer Bewegtheit, sooft er an den Schiffer Ingwer Brodersen dachte. „Warum musste er sterben?" Es war sonst nicht seine Art, viel über solche Dinge nachzudenken. Aber seither hörte man ihn öfter leise wie zu sich selbst sagen: „Der Tod schaut nicht auf den Kalender. Und niemand weiß, was ihm der Morgen bringen wird."

Der Tod des Schiffers stellte Ricklef nicht nur Fragen. Er machte ihn zutiefst nachdenklich, ja brachte ihn ins Grübeln, als er aus dem Testament des Verstorbenen erfuhr, dass Ingwer Brodersen ihn, Ricklef Petersen, zu seinem Nachfolger bestimmt und ihm den Frachter „Harald" überschrieben habe.

Das war die ersehnte Wende, auf die er so lange warten musste. Nun konnte ihn auch seine Mutter nicht mehr zurückhalten. Ricklef machte sein Patent am Festland und ist von da an selbständig gefahren, hat Sand und Baumaterialien nach Wyk geschippert und Ditten nach Pellworm, hat Einkäufe in Husum gemacht und Schafe und Lämmer nach Amrum gebracht.

Der Tod Ingwer Brodersens war ein großer Schmerz für Ricklef, den er zeit seines Lebens in sich bewahrte. Doch wenn er auf See war, genoss er diesen Schmerz, ja gab sich ihm hin, wie man sich einem Glück hingibt, weil er die Wende in seinem Leben bedeutete. Dass das Unglück des Einen zum Glück des Anderen wurde, blieb ihm ein großes Geheimnis.

„Keiner kennt die Beschlüsse des Himmels, keiner!", pflegte er fortan zu sagen. Doch wurde er gewiss, dass es eine Macht geben müsse, die den Lauf der Welt bestimmt. Ist es am Ende vielleicht töricht, zwischen glücklichen und unglücklichen Ereignissen zu unterscheiden?, fragte er sich.

Zweites Kapitel

7. Der Engel der Wasser

Ricklef bewahrte Ingwer Brodersen zeit seines Lebens ein Gedächtnis. Für den Jungen war der Schiffer ein Mensch, dem das Licht über die Stirn floss. Mit jeder Frage und Stimmung, mit allem, was ihn bewegt hatte, konnte er in seinen Jugendjahren zu ihm kommen und fand dafür Verständnis. Ingwer Brodersen hatte immer ein offenes Ohr für ihn wie überhaupt für junge Menschen und war ein über die Hallig hinaus gesuchter und geschätzter Gesprächspartner und Ratgeber.

Einsam wurde es um den Hooger Schiffer, als der Erste Weltkrieg ausbrach und er nicht wie so viele im Kaiserreich in den nationalen Jubel mit einstimmte. Als Ingwer Brodersen vom Kriegsausbruch las, schmiss er mit einem Stöhnen die Zeitung hin. Zuwider war dem weltoffenen Mann die Rede vom *großen, feierlichen Volkskrieg*, zu tief sein Entsetzen und zu groß seine Besorgnis über *Die Welt in Waffen*, wie die Schlagzeile Mitte August neunzehnhundertvierzehn in den *Husumer Nachrichten* hieß. Da er kein Leisetreter war und mit seiner Meinung nicht hinterm Berg hielt, erfuhr er viel Gegenwind und musste sich auch beleidigenden Widerspruch gefallen lassen.

Der heranwachsende Ricklef aber blieb auch in den Kriegsjahren mit dem Schiffer eng verbunden. Ihm verdankte er sein waches Interesse an allem, was in der Welt vor sich ging. Später freilich behauptete er, sein Interesse am Weltgeschehen rühre daher, dass sich ihm schon in seiner Kindheit die Malerei an der Holzdecke im Pesel seines Elternhauses, die in bunten Farben die Konturen der Erdteile zeigte, unauslöschlich ins Gedächtnis geschrieben habe. Wie dem auch sei, auf Ockelützwarft las Ricklef die Tageszeitung, dies allerdings immer erst zwei oder drei Tage später, wenn die vom Festland kommende Post auf der Hallig zugestellt war. Und dort konnte er, sooft sich eine Gelegenheit bot, mit Ingwer Brodersen die neusten Nachrichten aus dem Kriege bedenken und besprechen.

Ricklef mochte sechzehn oder siebzehn Jahre alt gewesen sein, als ihn Ingwer Brodersen einmal nach der Lektüre der Tageszeitung fragte:

„Sag Ricklef, hast du schon mal den Namen *Shackleton* gehört?"

Ricklef schüttelte den Kopf, „nein, noch nie!"

„Den Namen musst du dir merken", sagte der Schiffer. „Ich bin ganz bewegt und betroffen von seinem Geschick. Kurz vor Ausbruch des Krieges ist er mit seiner Mannschaft gestartet – Shackleton, weißt du, ein Polarforscher – er wollte als erster die Antarktis durchqueren und ist gescheitert. Ein ungewöhnlicher Mann. Ein denkwürdiges Geschehen."

Ricklef, der mit hellen Sinnen zugehört hatte, wurde neugierig und wollte mehr wissen.

„Gescheitert? Warum?", fragte er.

Daraufhin erzählte Ingwer Brodersen so lebendig, ja geradezu erregt von der gescheiterten Expedition Shackletons und der glücklichen Rettung seiner Mannschaft, dass Ricklef leuchtende Augen bekam und größten Respekt empfand vor dem Mut und Lebenswillen dieser Leute, die auf ihrem schwierigen Kurs durch das Weddellmeer ihrem Ziel bis auf achtzig Meilen nahegekommen sind, als ihr Schiff, die *Endurance*, vom Packeis eingeschlossen wurde.

Shackletons Geschick, sagte Ricklef später, habe ihm klar gemacht, dass menschliche Würde etwas damit zu tun habe, einem schweren Geschick mutig ins Auge zu sehen, es klaglos anzunehmen und zu durchleben.

Wenn Ricklef in jungen Jahren etwas hatte, was ihn begeisterte und fesselte, verspürte er in sich den innigen Wunsch, sich Anderen mitzuteilen. Er war dann wie ein überfließendes Gefäß, das nicht anders konnte und wollte, als das Empfangene weiterzugeben. Und so suchte Ricklef schon am nächsten Tag seinen Freund Leif Hansen auf und erzählte ihm von Shackleton und seiner Expedition.

Leif und Ricklef waren gleich alt und saßen schon während der Schulzeit nebeneinander. Leif hatte nussbraune Augen, einen scharfen Verstand und ein sportliches Aussehen, das Ricklef gefiel. Er mochte den Sohn des Postschiffers mit seinem dunklen, dichten Haar, das ihm in Locken über die Ohren fiel, und suchte seine Nähe. Dass Leif auch ein guter Schwimmer war, konnte Ricklef feststellen, sooft sie im Sommer Landsende aufsuchten und bei der Anlegestelle der Schiffe von und nach Pellworm badeten. Dorthin eilten die Jungen an heißen Tagen, ließen in einer Senke ihre Kleidung zurück und sprangen nackt ins Wasser. Das Meer war ruhig und die Sonne sanft auf ihren nassen Köpfen, wenn sie um die Wette schwammen oder sich im Tauchen herausforderten, wer am längsten unter Wasser bleiben konnte. Der lichte Himmel erfüllte die jungen Körper mit einer Freude, die sie johlen, schreien und die Zeit vergessen ließ.

Unvergesslich war Ricklef der Tag, an dem Leif zu ihm kam und sagte, er habe von seinen Eltern einen Taubenschlag mit zwei Brieftauben geschenkt bekommen, und fragte, ob er sie sehen will. Natürlich wollte er und konnte danach nicht anders, als den Freund um seine geflügelten Wesen beneiden. Wenn sie sich trafen und Ricklef ihn fragte, was er denn so getrieben habe, gurrte Leif wie eine Taube, und Ricklef, immer wieder erstaunt, wie echt Leif das Gurren der Taube nachzuahmen verstand, wusste Bescheid. Mit dem vierzehnjährigen Detlef Nommensen von Oland, einem Blondschopf mit blassem Gesicht und kleinen, blitzenden Augen, dessen ganzer Stolz ein Taubenschlag mit fünf Brieftauben war, pflegte Leif einen konspirativen Austausch von Briefbotschaften.

Es war an einem Sonntag im März neunzehnhundertfünfzehn, ein kühles Glitzern der Sonne überzog das Meer, als sich Leif und Ricklef vom Fischer Okke Johannsen nach Langeneß schippern ließen, wo sie Ole Peters empfing, der bereit war, sie mit einem Fuhrwerk nach Landsende zu bringen. Von dort wollten die beiden weiter nach Oland. Sie hatten sich mit Detlef Nommensen, dem Sohn des Bürgermeisters, verabredet, um am frühen Nachmittag seinen Zuwachs an Tauben zu begutachten und über den weiteren Austausch von Briefbotschaften zu beraten.

Die Zeit ihres Besuches war mit dem Tidenkalender abgestimmt, galt es doch, noch vor Anbruch der

Dunkelheit nach Hooge zurückzukommen. Ohne Tidenkalender läuft nichts in der Halligwelt. Das wussten die Jungen.

Die Tide bestimmt unsern Lebensrhythmus, heißt es auf den Halligen. Jeder weiß das und stellt sich darauf ein. Und vom Schiffer Ingwer Brodersen war ein Wort im Umlauf, das die Wirkung der Gezeiten für das Halligleben verdeutlicht, aber auch viel über Ricklefs väterlichen Freund aussagt: Man müsse sich ringsum vom Gezeitenstrom umgeben erfahren, um ein entspanntes Verhältnis zur Welt zu bekommen.

Für Ingwer Brodersen waren Ebbe und Flut, das Kommen und Gehen der Wasser ein Bild und Gleichnis für das Kommen und Gehen, Werden und Vergehen des Menschen. „Wenn sich dir der Gezeitenstrom in Herz und Sinn geschrieben hat, lernst du loszulassen", sagte er. „Du siehst die Dinge der Welt nicht mehr so verbissen, bist locker und entspannt und kannst deine Freiheit bewahren."

Noch hing Ebbegeruch über dem Wattenmeer und eine schläfrige Stille breitete sich aus. Hoch oben ruhten spärliche Wolken, aschgrau in wechselnder Gestalt, als Detlef seinen Hooger Besuch in die Küche der Nommensens führte, wo zur Überraschung der Jungen der Schiffer Ingwer Brodersen und seine Tochter Anni schon saßen, sich den Appel-Plaatenkooken der Hausfrau schmecken ließen und darauf warteten, dass der Ewer genügend Wasser unterm Kiel hat, um auszulaufen. Für Leif und Ricklef war es ein glücklicher Umstand, dass der Schiffer Baumaterialien nach Oland geliefert hatte und nun wieder zurück nach Hooge wollte und die Jungen mitnehmen konnte.

Während Leif und Detlef mit ihren Gedanken noch bei den Brieftauben waren, wandte sich Anni Brodersen Ricklef zu, legte ihre Hand auf seine Schulter und sagte: „Es gibt neue Nachrichten von Shackleton und seiner Expedition, Ricklef."

„Seid ihr mit dem Thema noch nicht durch", warf Leif ein, der mit einem Ohr zugehört hatte, und gelangweilt seinen Mund verzog. „Also wenn ihr mich fragt ..."

„Ich habe schon gemerkt, Leif, dass dich das Geschick dieser Männer nicht sonderlich interessiert", fiel ihm Ricklef ins Wort in einem Ton, der Enttäuschung verriet, und sagte dann – Anni dankbar zulächelnd – zu ihrem Vater: „Ich würde gern noch mehr über Shackleton hören."

„Nun ja, meine jungen Freunde", begann der Schiffer, „ich will mich kurzfassen. Als Shackleton und seine Männer sich in ihrem verzweifelten Kampf ums Überleben zur rettenden Walfangstation durchschlugen, machten sie eine Erfahrung, die Rätsel aufgibt. Shackleton beschreibt sie so:

„Ich weiß, dass es mir bei unserem langen und zermürbenden, sechsunddreißig Stunden währenden Marsch über die namenlosen Berge und Gletscher South Georgias oftmals so schien, als wären wir vier und nicht drei. Ich verriet meinen Gefährten nichts davon, aber später sagte Worsley einmal zu mir: ‚Boss, ich hatte während unseres Marsches das seltsame Gefühl, dass da noch jemand bei uns war'. Crean hat einmal etwas Ähnliches gestanden."

Der Schiffer hielt einen Augenblick inne, steckte sich eine Zigarette an und schaute erwartungsvoll in die Runde der vier jungen Gesichter.

„Sie haben es geschafft", sagte Detlef, der bis dahin still zugehört hatte.

„Und das ist doch die Hauptsache – oder?"

Leif grinste Zustimmung und sagte: „Frage mich nur, warum sich der Mensch immer neue Herausforderungen sucht, die ihm seine Grenzen aufzeigen?"

„Gute Frage, Leif", erwiderte der Schiffer. „Warum geht der Mensch an seine Grenzen und versucht, Unmögliches möglich zu machen?

Warum?"

„Es ist der menschliche Wille, der Herausforderungen sucht, vielleicht sogar Hindernisse braucht", meinte Ricklef. „Und wisst ihr warum? Ganz einfach, – um nicht zu erschlaffen. Es verschafft ihm Lust, seine Grenzen auszuloten. Was meint ihr?"

„Ja, ich glaube, er will immer über sich hinauswachsen und strebt danach, Unmögliches möglich zu machen", meldete sich Anni zu Wort.

„Aber Shackleton spricht von einem seltsamen Gefühl, dass da noch jemand bei ihnen war. Das versteh ich nicht. Was soll das?", erklärte Leif. „Ich glaube, es war ganz schlicht ihre außerordentliche Leistung mit einer kräftigen Portion Glück, dass sie ihr Ziel erreichten. Das ist alles. Und Glück muss der Mensch eben haben."

Anni griff nach ihrer Tasse Tee, den sie mit feinem braunem Kandis, aber ohne Sahne trank, und streifte Leif mit Blicken, die Sympathie verrieten, meinte aber:

„Vielleicht wollten die Männer nur sagen, dass sie auf dem beschwerlichen Weg über die Berge noch eine helfende Hand von weiterher hatten, die ihnen Kraft gegeben hat, durchzuhalten und auf keinen Fall aufzugeben. Versteht ihr? Um eben zu erklären, warum das schier Unmögliche möglich wurde."

Von der Tischgesellschaft zunächst unbemerkt, waren böige Winde aufgekommen, die schwarze, regenträchtige Wolken mit sich führten. Ingwer Brodersen, dem der Wetterumschwung nicht entgangen war, hatte sich still entfernt, um nach seinem Schiff zu sehen. Als er im Freien war, sah er in der Ferne Regenschauer wie schiefergraue, wehende Wände über dem Meer. Am Liegeplatz stellte er fest, dass die Winde aus Südwest schon mehr Wasser ins Watt getrieben hatten, als zu diesem Zeitpunkt zu erwarten war. Als ihm über Funk noch eine Sturmflutwarnung mitgeteilt wurde, eilte er zum Haus des Bürgermeisters zurück und forderte Anni, Leif und Ricklef auf, sich sofort bereit zu machen und an Bord des Frachtschiffes zu gehen: „Wir haben Warnung für eine Sturmflut bekommen. Gibt wohl noch Landunter. Müssen vorher zurück auf Hooge sein", sagte der Schiffer, dankte den Nommensens für Kaffee, Tee und Kuchen und verabschiedete sich.

An Bord der *Harald* zogen sich Ricklef und Leif mit Anni in die Kajüte zurück, wo sie den beiden Jungen ein Getränk anbot und meinte, sie sollten es sich gemütlich machen. Kurz nach der Abfahrt entdeckte Ricklef in einem offenen Eckschapp, auffällig gerahmt, ein Bild von der *Endurance* im arktischen Packeis, vor dem er nachdenklich stehen blieb und sich noch einmal vergegenwärtigte, was er über den Polarforscher und seine Expedition gehört hatte.

Ricklef vermochte sich mühelos in andere Menschen hineinzudenken; ja, er meinte sogar, ihm sei es möglich, sich selbst als Anderen zu fühlen, als Anderen zu erleben. Später erklärte er, Leben heiße für ihn, im Anderen seine eigenen anderen Lebensmöglichkeiten aufspüren, die in ihm bislang nur schlummerten, und sie leben. Und im Alter schien Käpt'n Petersen kaum weniger als Shackleton und seine Männer überzeugt, dass auch ihn jemand unsichtbar begleitet habe, hat aber dann gern von einem Engel der Wasser gesprochen, der mit ihm auf dem Wege gewesen sei.

Schnell hatte sich der Frachtkahn von Hallig Oland entfernt und die Fahrrinne erreicht. Der böige Wind aus Südwest nahm spürbar an Stärke zu. In steilen Brechern rollte die See heran und stellte sich dem Schiff entgegen. Die Luft erfüllte ein Brausen, das sich Ricklef mitteilte und ihn unruhig auf der Sitzbank hin und her rutschen ließ.

„Was bist du so unruhig, Ricklef?", sagte Anni.

„Mich hält es nicht hier unten. Will mal eben ins Ruderhaus zu deinem Vater, Anni, und sehen, wie's draußen auf dem Deck aussieht!", sagte er und verschwand.

Im Steuerhaus empfing ihn der Schiffer mit den Worten:

„Na Ricklef, hättest du gedacht, dass wir heute noch so'n Wetter bekommen?"

Ricklef schüttelte den Kopf.

„War auf Oland den ganzen Tag eine trügerische Stille!", brüllte Ingwer Brodersen mit einem zornigen Lachen, als wollte er dem Tosen des Sturms Paroli bieten.

„Kann man wohl sagen", schrie Ricklef, der sah, wie aufschäumende Seen immer wieder in breiten, wehenden Salven Ladefläche und Deck überspülten.

„Gut, dass wir keine Ladung mehr an Bord haben", rief der Schiffer, „wir würden sonst Schlagseite kriegen. Jetzt heißt es nur: Bei schwerem Seegang Kurs halten! Der Wind, Ricklef, ist ganz auf West gedreht und hat Stärke 10, in Böen 12."

8. Das Feuer der Biike

Am Morgen des 21. Februar im Kriegsjahr sechszehn erhob sich milchheller Nebel, der in kleinen ovalen Schlingen von den Wiesen der Hallig aufstieg, als Anni Brodersen, des Schiffers Tochter, zur Backenswarft ging, um Ricklef abzuholen, der seit kurzem in das Mädchen mit den blonden Zöpfen und lachenden Augen von Kopf bis Fuß verliebt war. Gemeinsam wollten sie den Ort aufsuchen, wo in diesem Jahr die Biike brennen soll, um Annis aus Stroh gebastelten und mit Lumpen bekleideten *Peter* aufzustellen, der traditionell das Symbol des scheidenden Winters ist und von den Flammen zuerst verzehrt wird.

Man hatte in diesem Jahr auf den Halligen lange überlegt und gezögert, ob die Feuer der Biike des Krieges wegen überhaupt entzündet werden sollten und dürften, sich dann aber nach zum Teil heftigen Diskussionen dafür entschieden, das Fest der Biike zu feiern. Schließlich habe die Tradition großes Gewicht und ein entscheidendes Wort mitzureden, wurde gesagt. Seit Jahrhunderten sei Biikenbrennen das Frühlingsfest der Friesen und für die Seeleute von der Westküste das Zeichen gewesen, nach Holland zu segeln, um von dort zum Walfang nach Grönland auszulaufen.

Bei der Abwägung und Entscheidung spielte auch die Überlegung eine Rolle, dass die Flammen der Biike zum Zusammenhalt aufriefen und für Frieden und Freiheit leuchteten, was doch gerade in diesen Kriegstagen ein wichtiges Signal wäre. Einige wussten nämlich zu berichten, dass sich just an diesem 21. Februar die USA um eine Friedenvermittlung bemühten und bei einem Scheitern in den Krieg eintreten würden. Auch waren Gerüchte von einem deutschen Angriff auf Verdun im Umlauf und einem verschärften U-Boot-Krieg, in dem bewaffnete feindliche Handelsschiffe ohne Warnung torpediert würden. Das waren Nachrichten, die Männer wie Ingwer Brodersen und Ole Onken von der Notwendigkeit überzeugten, unbedingt ein Zeichen gegen den Krieg zu setzen.

In den Tagen vor dem Biike-Fest waren Ricklef und Anni gemeinsam mit Leif noch von Warft zu Warft gelaufen, um Brennholz zu sammeln und zum Platz der Biike zu bringen. Seit Jahren haben sie das gemacht, und nichts konnte die Freunde auseinanderbringen. Doch in diesem Jahr kam es zwischen Ricklef und Leif zu einem heftigen Streit. Irgendetwas brachte sie gegeneinander auf.

Ricklef glaubte zunächst, es wäre der Ostwind, der ihn und Leif so reizbar und aggressiv machte. Schon öfter hatte eine schlechte Stimmung die Jungen geplagt, wenn ein eiskalter Ostwind tagelang die Hallig heimsuchte. Dann aber fiel Ricklef beim Holzsammeln auf, dass sein bester Freund fortlaufend Blicke auf Anni warf und allein ihre Nähe suchte, sich ihm gegenüber aber überraschend wortkarg zeigte und seinen Blicken auswich, was sonst nicht seine Art war. Da ging Ricklef plötzlich auf, – er und Leif lieben dasselbe Mädchen.

Es war zunächst nicht mehr als ein Argwohn, den Ricklef hatte, als sie in der kristallklaren Winterluft von Warft zu Warft gingen. Und eigentlich wünschte er, seinen Verdacht schnell wieder loszuwerden, ihn wie einen dummen Traum abschütteln zu können. Aber so sehr er sich bemühte, es gelang ihm nicht. Der Argwohn war wie ein schleichendes Gift, das in seinen Adern pulsierte. Ricklef machte die Erfahrung, die Menschen vor ihm einmal auf diese Worte brachten: *Beherrscht dich erst ein Gedanke, findest du ihn überall ausgedrückt, du meinst ihn sogar im Wind zu riechen*. Am Abend des 21. Februar, als die Biike brannte und Jung und Alt, alles, was auf Hooge Beine hatte, das Feuer umsäumte, sollte sich allerdings sein Verdacht bestätigen.

Ein kupferner Schein der Flamme lag auf den jugendlichen Gesichtern, als Ricklef Annis Hand ergriff, sie an seine Lippen zog und küsste. Während der Sechszehnjährige, verliebt wie er war, diesen Augenblick im gleißend flackernden Lichtschein der Biike genoss und sich Träumereien hingab, fuhr Anni mit ihrer anderen Hand in einer pfeilschnellen Bewegung in Ricklefs Gesicht, schwärzte es und brach in schallendes Gelächter aus.

„Na warte!", rief Ricklef und griff seinerseits nach einem verkohlten Holzscheit, um ihr den Spaß heimzuzahlen. Doch Anni riss sich von ihm los und rannte weg, so schnell sie konnte.

Aber wohin?

Da sie sich fortlaufend nach Ricklef umdrehte, der ihr hart auf den Fersen war, sah sie nicht, dass sie zu ihrer großen Überraschung Leif Hansen direkt in die Arme lief. Und der, als hätte er nur auf diese Gelegenheit gewartet, drückte geistesgegenwärtig das Mädchen mit den blonden Zöpfen und lachenden Augen an sich und küsste es mit einer so unbändigen Leidenschaft und Hingabe, als wollte er mit nur einem Kuss seinen jugendlichen Lebenshunger stillen.

Ricklef traute seinen Augen nicht, als er das sah, ballte seine Fäuste und stürzte auf Leif zu.

„Was soll das?", schrie er. „Warum hast du das getan?"

Eine flammende Röte hatte Ricklefs Gesicht überzogen. Aus seinen Augen traf Leif ein Blick, als wäre er dem Feuer der Biike entsprungen. Während Leifs Gedanken nach außen hin versiegelt waren, glaubte Ricklef, in seinen Augen so etwas wie Gier wahrzunehmen.

Als es zu einem Handgemenge zu kommen drohte, stellte sich Anni beherzt zwischen ihre beiden Verehrer und Kontrahenten und sagte:

„Hört auf zu streiten! Ihr seid mir so Kampfhähne. Wisst ihr denn nicht? Wo Biiken brennen, steht das Gemeinsame voran.

Ich mag euch beide."

Beide?! Ricklef wandte sich Anni zu und sah sie enttäuscht aus traurigen Augen an, aber sagte kein Wort. Er fühlte sich wie eine Spielkarte in einem verlorengegangenen Spiel. Wortlos entfernte er sich und verschwand in der Dunkelheit und Tiefe der Nacht, in der seine verworrenen Gefühle einen Verbündeten fanden.

„Wo willst du hin, Ricklef? Bleib hier", rief Anni ihm nach. „Wir wollen doch nach dem Biikebrennen noch Grünkohl mit Kassler und Kochwurst essen ... Was ich mit vorbereitet habe und du so gerne magst ... Und anschließend tanzen gehen."

Doch Annis Worte erreichten Ricklef nicht mehr, dem in seinem Groll nun klar war, dass er und sein Freund um die Gunst, Freundschaft und Liebe desselben Mädchens konkurrierten.

Erst ein gutes Essen, dann Tanzen, Leif Hansen jubelte. Während das Feuer der Biike allmählich erlosch, wehte ein leichter Ostwind, der eine strenge Kälte mit sich brachte. Leif aber ging mit Anni in den Friesenpesel, als wäre es plötzlich Frühling geworden.

9. Die Walfischtür

Nachdem das Biike-Fest für Ricklef ein so abruptes Ende gefunden hatte und er allein war, fragte er sich, was Anni in Wahrheit für ihn übrighabe? War es für sie nur Spiel und Liebelei? Sooft er mit ihr zusammen war, glaubte er, dass sie zu verlogenen Liebkosungen oder berechnenden Zärtlichkeiten nicht fähig wäre. Doch kamen ihm jetzt Zweifel.

Es heißt, wenn zwei sich lieben, werden sie zu einer Insel, haben sie doch den innigen Wunsch, sich zu isolieren und für sich zu bleiben. Müsste Anni nicht, wenn das stimmt, mehr für ihn übrighaben als für jeden anderen?, fragte sich Ricklef und spürte plötzlich in dem Verlangen, sich neu zu vergewissern, wie sich in ihm eine Schleuse der Erinnerung öffnete und vor seinem geistigen Auge noch einmal erschien, was er und Anni gemeinsam erlebt hatten:

In der Schule pflegte sie ihr hellglänzendes Haar mit einer silbernen Spange, die ein Geschenk von Ricklef war, zu einem Pferdeschwanz zu binden. Er durfte ihr dabei zusehen und freute sich, sooft sie es tat. Und als Anni mit drei anderen Mädchen in traditioneller Friesentracht mit silbernem Brustschmuck und besticktem Kopftuch auf Kirchwarft konfirmiert wurde, da war sie nicht nur in Ricklefs Augen die Schönste. Und stolz war er, Ricklef Petersen, wenn Anni Brodersen in der Schulpause zu ihm kam und ihn inmitten anderer Jungen fragte:

„Was hast du heute Nachmittag vor, Ricklef? Wollen wir etwas zusammen machen?"

Wie hätte er nein sagen oder etwas Besseres vorhaben können?! Immer hatte er Lust, mit Anni zusammen zu sein. Wo sie auftauchte, habe so etwas wie Heiterkeit in der Luft gelegen, hatte Ricklef später öfter über sie gesagt; und dass sie für ihn wie der Lufthauch einer Brise gewesen wäre, die ihn auf weiten Raum stellte.

„Anni müsste doch gemerkt haben, wie viel sie mir bedeutet und jetzt zu mir kommen und mich holen", grübelte Ricklef, als er in der Nacht des 21. Februar allein im Pesel seines Elternhauses auf Backenswarft saß und, traurig-verstört vor sich hinträumend, das Erlebte zu verdauen suchte.

„Es sind doch vom Friesenpesel zu mir nur wenige Schritte, Anni", sprach Ricklef zu sich selbst. „Warum holst du mich nicht? Vermisst du mich denn nicht? Hast du unsere gemeinsamen Wege zur Walfischtür vergessen, die wir Hand in Hand gegangen sind und wo wir uns, wie ich glaubte, liebgewonnen haben? Ich würde dir wieder folgen, wohin du auch gehst, wenn du noch einmal deine Hand auf meine Schulter legst und sagst: Komm zu mir, sei froh, ich mag dich.

So wie damals, Anni, als du zu mir kamst. Weißt du noch?

Es war an einem Dezembertag im Eiswinter. Du ergriffst meine Hand und sagtest: ‚Komm mit, ich möchte dir etwas zeigen.'

Ein wenig verlegen und schweigsam brachen wir von Backenswarft auf. Der frisch gefallene Schnee schluckte unsere Schritte. Wir balancierten über den alten Kerkstock und gingen hinauf zur Kirchwarft. Eine gespannte Stille ergriff uns, als wir die Tür der Kirche öffneten und in dem Kirchenraum mit seinem Sand- und Muschelboden standen.

‚Du führst mich in die Kirche?', fragte ich erstaunt.

Schließlich kannten wir beide aus den Gottesdiensten in der Konfirmandenzeit das Bauwerk, das von den großen Sturmfluten der Vergangenheit erzählt, – vor allem von der großen Flut 1634 und dem Untergang der Insel *Strand*, denn die Kirche besteht aus Resten zerstörter Kirchen der Insel *Strand*.

‚Ich weiß, Ricklef, ich weiß, alles erzählt von Sturmfluten', sagtest du, ‚aber Eines nicht; und genau dahin möchte ich dich führen.'

Du gingst dann am Altar vorbei, bliebst vor der Kanzeltür stehen und zeigtest auf das Bild.

‚Das, Ricklef, wollte ich dir zeigen', sagtest du.

Die Walfischtür."

Während Ricklef zuerst dem oberen Teil des Bildes seine Aufmerksamkeit widmete, der eine Walmutter mit einem Wal-Baby zeigt und der Tür den Namen gab, betrachtete Anni gleich die untere Hälfte, die ein Ehepaar zeigt, das auf Ranken steht, die einer Vase entsprießen. Mann und Frau reichen sich an einer aus der Vase gradlinig steigenden Lilie die Hand. Anni mochte das Bild besonders gern. Es war ihr schon als Hochzeitsbild bekannt. Auf der Heiratsurkunde ihrer Eltern hatte sie es gesehen. Ihre Mutter hatte es ihr gezeigt und erzählt, sie und Vater hätten sich in jungen Jahren öfter an der Walfischtür getroffen, die schon immer ein beliebter und gesuchter Ort für Verliebte war.

„Vor der Walfischtür legtest du deine Hand auf meine Schulter.

‚Wir werden uns nicht küssen. Wir werden uns nur ansehen und uns anlächeln', sagtest du und gabst mir einen Bernstein, den du selbst gefunden hast und der sich in meiner Hand wunderbar anfühlte und anschmiegte.

‚Nimm ihn als Zeichen unserer Freundschaft', sagtest du.

Und ich umarmte dich und gestand dir meine Liebe."

Seitdem war für Ricklef die Walfischtür am Eingang zur Kanzel wie ein Versprechen, dass der Tag kommen würde, an dem er und Anni sich in der Hooger St. Johanniskirche das Ja-Wort geben. Aber nichts schien Ricklef in der Biike-Nacht entfernter als dieses Versprechen.

Erst als er nach einer unruhigen Nacht am nächsten Morgen erwachte und seine Verstörtheit und verwirrten Gefühle einer nachdenklichen Nüchternheit gewichen waren, in der er sich an ein Wort des Schiffers Ingwer Brodersen erinnerte, dass *der die Mentalität eines Siegers hat und stark ist, wer in der Niederlage nicht den Mut verliert; ein Seemann darf, wenn ihm das Wasser bis zum Hals steht, den Kopf nicht hängen lassen* – da hatte Ricklefs Gesicht die Tiefe, die ihm erlaubte, das am Vortag Geschehene zu überdenken und neu zu bewerten.

Von Zeit zu Zeit hielt Käpt'n Ricklef Petersen im Erzählen inne, um seine Pfeife zu reinigen und sich eine neue zu stopfen. Die Einfachheit des Rituals, mit der er das tat, hatte irgendwie etwas Feierliches. Wir wussten, dass es die Kombination von Duft und Geschmack der Pfeife war, die ihm seine Vergangenheit in immer neuen Farben aufschloss. Während Ipke Feddersen unsere leeren Tassen mit Teepunsch füllte, begann in unserer Gesprächsrunde zur Dämmerstunde eine lebhafte Diskussion über Ricklefs Jugendliebe:

So fragte Ipke Feddersen: „Woher will ich eigentlich wissen, ob ich wirklich liebe? Vielleicht bin ich ja nur verliebt in die Vorstellung, die ich vom Anderen habe."

Und Hannes Boysen brachte uns mit der Frage ins Nachdenken:

„Und was, wenn das Glück nicht darin besteht, geliebt zu werden, sondern zu lieben, nur einfach zu lieben; und immer wieder Annäherungen zu wagen und sich zu freuen über ein Lächeln und ein Zeichen der Anerkennung? Gibt es einen triftigen Grund, nicht dem Zug seines liebenden Herzens zu folgen?"

Ich weiß nicht mehr, wie lange wir an jenem Abend über Liebe und Verliebtsein gesprochen hatten.

Aber plötzlich stand Annemarie, die Wirtin des Friesenpesels, vor uns und sagte: „Wir haben eben Sturmflutwarnung bekommen, müssen mit Landunter rechnen."

Käpt'n Ricklef Petersen schien völlig überrascht und machte große Augen, aber keinerlei Anstalten, gleich aufzubrechen. Wir waren so intensiv in seine Erinnerungen eingetaucht, dass wir den aufgekommenen Wind und den Regen nicht wahrgenommen hatten. Erst jetzt hörten wir draußen ein Stürmen und Tosen und dass ein scharfer, unbarmherziger Wind den Regen gegen die Scheiben des Friesenpesels peitschte.

Während Annemarie uns sofort wieder verließ, um Haus und Warft zu sichern, schenkte uns Ricklef noch einen Teepunsch ein und wies uns auf eine Notiz hin, die für ihn im Alter eine besondere Bedeutung bekommen und er in sein Logbuch geschrieben habe:

Es gibt in der Liebe wohl noch ein Geheimnis unter der Oberfläche menschlichen Tuns.

10. Der Wettkampf

Stürmische Winde von See wehten über die baumlose Fläche der Hallig, als der Amtswehrführer die Feuerwehrleute von Pellworm, Hooge und Langeneß begrüßte mit den Worten:

„Sind alle Anwesenden da?"

Ein Raunen ging durch die Reihen der Männer, die zu Übung und Wettkampf angetreten waren. Ein Raunen und Gemurmel, das bald in unverhohlenes Gelächter überging. „Sind alle Anwesenden da?" Na klar, was denn sonst. Von Jugend an gehörten Ricklef Petersen und Leif Hansen zur freiwilligen Feuerwehr auf Hallig Hooge und standen nun inmitten der Blauröcke, deren herzhaftes Lachen der Wind verwehte, in Ricklef aber nachdenkliches Staunen auslöste.

Denn als er mit den Kameraden in Reih und Glied stand, den markanten Satz des Amtswehrführers im Ohr – da wurde ihm bewusst, dass er im Grunde gar nicht da war, wo er im Augenblick stand, sondern sich ganz woanders aufhielt, kreisten doch seine Gedanken von früh an, seit er am Morgen des Wettkampftages aufgewacht war, nur um Anni Brodersen, das Mädchen, das er liebte.

Würde sie es schaffen, rechtzeitig nach Langeneß zu kommen, um den Wettkampf mitzuerleben, wie sie es sich vorgenommen und angekündigt hatte? Schon in den Vortagen, als es mächtig stürmte und der Wetterbericht für den Wettkampftag einen Wasserstand von einem bis eineinhalb Meter über dem mittleren Hochwasser ansagte, fieberte Ricklef ihrem Besuch entgegen. Allein auf ihren Wunsch hin hatte er sich überhaupt nur bereit erklärt mitzumachen.

Wenige Monate nach dem denkwürdigen Biikebrennen, das den verliebten Ricklef so verstört zurückgelassen hatte, verließ Anni die Hallig, erlernte den Beruf der Hauswirtschaft und nahm eine Stelle als Hauswirtschaftsleiterin auf der Insel Langeoog an. Aus dem Mädchen mit den blonden Zöpfen und den lachenden Augen war in den vergangenen drei Jahren eine junge, schöne Frau und vielseitig begabte Köchin geworden, die es verstand, ein Jugendheim mit zweihundert Kindern zu führen und gemeinsam mit ihren Mitarbeiterinnen zu versorgen.

Während Leif Hansen Anni nur noch gesehen hatte, wenn sie ihr Elternhaus auf der Ockelützwarft besuchte, was sehr selten geschah, bemühte sich Ricklef, der am Festland sein Patent als Küstenschiffer machte und nur noch am Wochenende auf der Hallig war, um einen intensiven Briefwechsel mit Anni, wobei zu sagen ist, dass Ricklef wohl viele Briefe schrieb, aber längst nicht alle abschickte.

Unter der Überschrift *Je weiter du fort bist, umso näher bei mir*, fand ich später in seinem Logbuch, das Käpt'n Ricklef Petersen mir zu treuen Händen, wie er sagte, kurz vor seinem Tod überlassen hatte, eine Eintragung ohne Datum, die Briefcharakter hat und viel über seine Beziehung zu Anni, aber auch über ihn selbst aussagt, über seinen Willen und seine Einbildungskraft, mit der er sich die unvergesslichen Augenblicke vor der Walfischtür aus Jugendtagen vergegenwärtigte und von der Seele schrieb:

O dieses tiefe Bedürfnis in mir, Anni zu berühren und ihr über die Haut zu fahren! Sie ahnte nicht, wie viel es mir bedeutet hat und was ich empfand, nur ihre Hand zu halten, wie es war, als wir am Priel entlang zur Kirchwarft gingen. Und wie gern hätte ich ihr Gesicht mit Fingern zeichnen wollen, als wir vor der Walfischtür standen und mir – wehrlos ihrem selbstvergessenen Lächeln ausgeliefert – Farbe und Linie auf dem Bild der Kanzeltür verschwammen. Eine Landschaft aus Lächeln war mir das Mädchen mit den blonden Zöpfen und lachenden Augen, die ich zu durchwandern wünschte. Ich spürte, wenn sie mich ansah, den Flügelschlag von Schmetterlingen in meinem Bauch. Vernarrt war ich in ihren Frühling.

Was ist nur das Geheimnis deiner Gegenwart, Anni? Sag es mir. Denn ich weiß es nicht und höre nicht auf zu staunen. Deine Lippen sind wie die Ufer eines Meeres und wie Wind und Weite für mich. Alles von dir sieht mich an. Sprich, Anni, das Wort - nur ein einziges Mal, dass meine Seele, die krank ist vor Liebe, gesundet und jubelt. Gib mir ein Zeichen, dass du mich nimmst, wie ich bin.
So bat ich im Stillen, aber sagte es dir nicht. Ich wagte es nicht. Ich hatte Angst, dass du mich verlachst und mich zurückweist. Nachts aber lag ich wach, fand keinen Schlaf und fühlte mich wie ein einsamer Vogel auf dem Dach.

Es mögen diese oder ähnliche Erinnerungen gewesen sein, die Ricklef beschäftigten, als er gedankenverloren in Reih und Glied mit seinen Kameraden stand und der Amtswehrführer sie begrüßte und noch einmal erklärte, welche Maßnahmen der Löschangriff im Wettkampf umfasst, zu dem sich von Pellworm, Hooge und Langeneß jeweils zwei, also insgesamt sechs Gruppen gebildet hatten, die gegeneinander antraten. Ricklef und Leif waren die Zugführer auf Hooger Seite.

Beide hatten sich wieder versöhnt, nachdem Anni die Hallig verlassen hatte, wiewohl ein Rest an Rivalität zurückgeblieben war und Ricklef lange auf eine Gelegenheit wartete, Leif einen Denkzettel zu verpassen. Doch auch dieses Verlangen verebbte in Ricklef, als er die Hallig verließ, um sein Patent für die Frachtschifffahrt zu machen.

Nun schritten die beiden jungen Männer das Wettkampfgelände ab mit seinen Hürden und Hindernissen von Leiterwand und Kriechtunnel, um noch einmal einzuschätzen, was sie erwartete.

„Du rennst doch wohl für Anni, stimmt's?", sagte Leif mit einem spöttischen Lächeln und einer Stimme, die auf einer Welle der Überlegenheit und Selbstzufriedenheit ritt.

Ricklef blieb stehen und sah Leif aus festen Augen an. Sollte er ihm sagen, dass er für die Liebe kämpfe, was die Wahrheit wäre. Aber warum sagen, was Leif längst zu wissen meint, dachte Ricklef, und ging schweigend langsam weiter.

„Du brauchst nichts zu sagen", erklärte Leif. „Ich weiß, um was es dir geht. Aber ich werde gewinnen."

„Welchen Wettkampf meint er? Den heutigen bei der Feuerwehr oder den um Anni?", fragte sich Ricklef im Stillen und sah, wie die Mittagssonne zwischen turbulenten Wolken ihre Strahlen über das Meer schickte. „Leif besitzt Grundsätze. Warum auch nicht!?", dachte Ricklef. Es störte ihn nicht, dass Leif sich für unwiderstehlich hielt und sich seiner Ausstrahlung und Wirkung auf andere bewusst war. Auch dass er Selbstzweifel nicht kannte und sich fortlaufend in seinem Selbstbewusstsein sonnte, schien ihm nichts auszumachen. Schwierig wurde es, wenn sein Freund, der überzeugt war, stets alles richtig zu machen, rechthaberisch auftrat und keinen Widerspruch duldete, was immer wieder geschah. Dann wirkte er überheblich und arrogant und war nur schwer zu ertragen. Das hatte nicht nur er festgestellt, es war zuvor schon Anni aufgefallen, die es vor Längerem einmal beiläufig erwähnte, wie sich Ricklef erinnerte.

Zu einem Landunter kam es nicht am Wettkampftag. Nur im äußersten Osten der Hallig hatten die

Wasser einige Fennen leicht überspült. Aber es gab einen böigen Wind, den Ricklef einzuschätzen versuchte, um sich und seine Gruppe möglichst so zu positionieren, dass sie ihn im Rücken haben. Er wusste, dass es schwer werden würde, wenn die Böen von vorn kommen und ihm und seinen Männern entgegenstehen. *Es braucht Rückenwind, um Erfolg zu haben und sein Ziel zu erreichen*, schrieb Käpt'n Ricklef Petersen später in sein Logbuch nach der Begegnung mit einem, der nur mit dem Fahrrad unterwegs war und täglich notierte, ob er Rückenwind gehabt habe oder ihm der Wind ins Gesicht blies.

Inzwischen hatte sich eine beträchtliche Zahl an Zuschauern von der Insel Pellworm und den Halligen eingefunden, die gekommen waren, um den Wettkampf mitzuerleben und ihre Mannschaft anzufeuern. Dass Anni noch nicht da war, versetzte Ricklef in Unruhe, die er sich aber nicht anmerken ließ. Als der Amtswehrführer die Gruppen aufforderte, sich zum Einsatz fertig zu machen und aufzustellen, versuchte er, sich nach Kräften auf die gestellten Aufgaben zu konzentrieren:

Welche Gruppe würde in kürzester Zeit den an der Pumpe angeschlossenen Saugschlauch zum Fething bringen, aus dem das Löschwasser kommt, den B-Schlauch an den Saugschlauch anschließen und die C-Druckschläuche ordnungsgemäß am Verteiler befestigen? Und wer würde im Löschanzug und mit einem halbvollen Wassereimer den Parcours am schnellsten durchlaufen, ohne das Wasser zu verlieren und die beste Zeit erringen? Zwei Durchläufe sollten den Sieger ermitteln.

Nach dem Startzeichen hatte Ricklef die ersten Hürden zügig bewältigt, in Bestzeit auch den Kriechtunnel hinter sich gelassen und näherte sich der Leiterwand, als er aus der klatschenden, schreienden und die Läufer anfeuernden Menge plötzlich Annis Stimme vernahm:

„Du schaffst es, Ricklef! Weiter so! Ja!"

Ihre Stimme erschien zwischen Beifallklatschen, Pfiffen und Gegröl so dünn wie Schwalbengezwitscher. Aber es genügte, um den Läufer so anzuspornen, dass er noch einmal all seine Kräfte mobilisierte und am Ende eine höchst passable Zeit herauslief. Stärker noch als jeder Rückenwind wirkten Annis Zurufe auf Ricklefs Seele.

Als er seinen ersten Lauf beendet hatte, ging er sogleich auf Anni zu, die ihn mit den Worten empfing:

„Ich habe Neuigkeiten für dich, Ricklef."

„Erst mal danke, Anni, für die Unterstützung. Deine Zwischenrufe haben mir gutgetan, mich echt angespornt, alles aus mir herauszuholen", sagte Ricklef und umarmte sie. Dann sah er sie aus großen Augen an.

„Neuigkeiten, sagst du?"

„Ja, man hat mir in Husum eine Stelle angeboten. Soll dort in einer Schule Hauswirtschaft unterrichten. Was meinst du? Ich zögere noch. Bin ja noch nicht so lange im Jugendheim auf Langeoog. Käme doch ein bisschen schnell der Wechsel. Oder?!"

„Wäre auf jeden Fall auch eine interessante Aufgabe für dich, Anni. Du würdest Neuland betreten und dir noch einmal ein ganz anderes Arbeitsfeld erobern … Aber lass uns darüber später reden. Ich muss jetzt zu meinem zweiten Lauf und zur Gruppe zurück … Sag mir noch kurz, ob du bleiben kannst oder morgen schon wieder nach Langeoog musst."

„Ja, leider, muss gleich morgen früh die Fähre nehmen."

„Schade. Aber du bleibst auf jeden Fall heute Abend zum Essen und zum Tanz. Ich weiß ja, dass du so gerne tanzt. Wirst du mit Leif noch zusammen sein?"

„Ach weißt du, Ricklef, ich habe kaum noch Kontakt mit ihm gehabt. Aber kurz sprechen möchte ich schon noch mit ihm. Ich hatte das seltsame Gefühl, dass er mir irgendetwas mitteilen will, was ihm auf der Seele liegt. Ich weiß nicht, was es ist. Mir scheint, es geht ihm zurzeit nicht so gut. Hat er zu dir etwas gesagt?"

„Nein, hat er nicht. Als ich ihn vorhin sprach, war er wie immer. Du kennst ihn ja - charmant und leicht überheblich … Ich muss jetzt gehen - bis später, Anni."

Ricklef ging zur Gruppe, deren Zugführer er war, rief Wassertrupp und Schlauchtrupp zu sich und sagte: „Kameraden, ihr könnt euer Tempo noch steigern. Bei euch ist mehr drin. Ihr müsst das schaffen, wenn wir in diesem Wettbewerb unter die ersten drei kommen wollen."

Danach begab sich Ricklef an den Start zur zweiten Wettkampfrunde und lief wieder eine gute Zeit. Da er kleiner und schlanker war als die meisten anderen in diesem Wettbewerb, vermochte er die Hürden und Hindernisse leichter und schneller zu überwinden als seine Kameraden. Aber würde es zum Sieg reichen? Natürlich hofften das alle in seiner Gruppe. Aber als sie das Ergebnis von den Zeit-

Schiedsrichtern hörten, waren Ricklef und seine Kameraden enttäuscht. Sie hatten von den sechs Gruppen nur den vierten Platz gemacht, während die Hooger Gruppe mit Leif auf den dritten Platz kam.

„Gratuliere, Leif!", sagte Ricklef, „ist doch ein schöner Erfolg, wenn man bedenkt, dass wir Hooger in diesem Wettkampf nicht die Favoriten waren."

„Nun ja, immerhin Bronze", meinte Leif. „Wir hätten besser sein müssen ... War heute nicht ganz unser Tag ... Aber du, Ricklef, bist in der Einzelwertung der schnellste gewesen ... Warst erheblich schneller als ich ... Das hätte ich dir nicht zugetraut, ehrlich!"

Ricklef grinste und schwieg.

„Na dann bis heute Abend", sagte Leif. Als sie sich verabschiedeten und Ricklef ihm die Hand gab, begegneten sich ihre Blicke für die Länge eines Wimpernschlags mit Respekt und wechselseitiger Anerkennung, die sich Ricklef ins Gedächtnis schrieben. Denn nie hätte er geglaubt, dass es für lange Zeit das letzte Mal war.

11. Die rote Nelke

Schon am Abend auf dem Feuerwehrball suchten Ricklefs Augen seinen Jugendfreund vergeblich.

„Hast du Leif gesehen?", fragte er Anni, als sie in großer Runde an der blumengeschmückten Festtafel saßen und Porrenfrikadellen mit gestovten Bohnen aßen, eine Art „Nationalgericht" auf der Hallig, worauf sich Ricklef nach dem kräftezehrenden Wettkampf schon gefreut hatte.

„Leif hat doch gesagt, dass er kommen würde und mit dir tanzen wollte."

„Ja, das war seine Absicht", erwiderte Anni, die nach dem Wettkampf noch mit Leif gesprochen hatte.

„Er wollte kommen, hat sich aber plötzlich unwohl gefühlt. Und das war's wohl auch, was er mir sagen wollte. Irgendetwas sei mit seiner Lunge nicht in Ordnung. Da er manchmal Blut spuckt und sich hundeelend, schlapp und müde fühlt, habe man bei ihm mit Verdacht auf Tuberkulose einen Abstrich gemacht. Das Ergebnis der Laboruntersuchung steht noch aus. Er rechnet mit weiteren Untersuchungen. So wie in diesem Gespräch, Ricklef, habe ich Leif noch nie erlebt. Aller Spaß war aus seinem Gesicht verschwunden. Er war echt bekümmert und wirkte verunsichert. Ich sah auch Angst in seinen Augen."

„Kaum zu glauben, Anni, was du sagst. Im Wettkampf war er doch noch wie immer, energiegeladen und kraftvoll, als könnte er Bäume ausreißen."

Danach saßen Ricklef und Anni lange schweigend nebeneinander. Erst als das Essen abgetragen wurde und man zu Teepunsch und Tanz überging, lösten sich ihre Zungen.

„Lieb von dir, Ricklef, dass du bereit bist, mit mir zu tanzen", sagte Anni nach ihrem ersten Tanz. „Das rechne ich dir hoch an. Ich weiß ja, dass es dir nicht leichtfällt."

„Du aber hast Freude, das Tanzbein zu schwingen", sagte Ricklef, „also Anni – hier bin ich, und ich habe dem Mädchen mit den blonden Zöpfen und den lachenden Augen etwas mitgebracht, das dir hoffentlich gefällt und du annimmst."

„Und ich habe etwas für dich, Ricklef", sagte Anni, griff in ihre Handtasche und hielt kurz darauf eine feuerrote Nelke in der Hand.

„Die ist für dich, mein großer Wettkämpfer und kühner Schiffer."

Und während sie die Blume im Knopfloch seines Jacketts befestigte, erklärte sie: „Das Rot der Nelke und ihr betörender Duft sollen dich begleiten, Ricklef, wohin du auch gehst und wo immer du bist."

Ricklef bekam feuchte Augen, steckte seine Nase in das unwiderstehliche Rot der Blume und genoss ihren Duft in so vollen Zügen, dass sich ihm die Sekunden, in denen das geschah, zu Ewigkeiten dehnten, bis Anni ihn mit einem sanften Kuss aus seinen Träumen holte.

„Die rote Nelke passt gut, ja trefflich zu dem, was ich für dich habe, Anni", sagte Ricklef und holte ein Kästchen aus seinem Jackett, öffnete es und steckte ihr einen Ring an, auf dem ein winziger Rubin glänzte. Sie, die sonst nicht um Worte verlegen war, saß stumm und regungslos auf ihrem Stuhl und starrte gedankenverloren auf den Ring, den Ricklef ihr angesteckt hatte. Anni, die das Pathos feierlicher Worte verabscheute, fragte nach einer Weile nur:

„Du meinst also, wir sollen unsere Klamotten tohopen smeeten?"

„Ja, das meine ich", sagte Ricklef. „Denk an die Walfischtür, die für mich schon damals wie ein Versprechen war, dass wir füreinander bestimmt sind."

„Und wann, meinst du, soll das geschehen?"

„Ich habe in einem halben Jahr mein Patent, Anni, und bin dann so weit, den Ewer zu fahren, den mir dein Vater überschrieben und vererbt hat. Zwar ist

Carlos in diesen Monaten in die Bresche gesprungen und hat das gut gemacht. Aber die Hooger warten darauf, dass die Versorgung wieder so läuft wie zu deines Vaters Zeiten."

„Dann wäre es wohl nicht verkehrt, wenn ich doch die Aufgabe in der Schule in Husum übernehme und Hauswirtschaft unterrichte, damit wir näher zusammenkommen und uns noch besser kennenlernen können. Was meinst du, Ricklef?"

„Ja, das wäre schön und dann heiraten wir, nein, pardon Anni, ich meine natürlich, dass wir dann unsere Klamotten tohopen smeeten", verbesserte sich Ricklef und lachte.

Drittes Kapitel

12. Die höhere Klugheit des Windes

„Kannst du mal eben nach den Kindern sehen, Ricklef? Bin gleich wieder zurück. Will nur mal eben bei *Darling* reinschauen, na, du weißt schon", sprach sie, nahm das Fahrrad und verschwand.

Irgendwann hatte Anni angefangen, den kleinen Kaufladen auf Hanswarft *Darling* zu nennen – nach ihrem Lieblingstee *Darjeeling*, dem kleinen Ort im Himalaya. Einfach so, aus Jux oder guter Laune, weil sie dort den Tee kaufte, dessen Aroma und Geschmack ihr am liebsten war. Und dabei blieb es. Auch die Kinder Kai-Uwe und Swantje, die bald nach ihrer Hochzeit geboren wurden und inzwischen die zweiklassige Grund- und Hauptschule auf Ockelützwarft besuchten, wussten natürlich, wer mit *Darling* gemeint war. Aber als sie einmal vom Kaufladen als von *Muttis Darling* sprachen und die, die es hörten, schallend lachten, fanden sie das echt blöde und nannten ihn fortan nicht mehr *Darling*.

Anni konnte sich von morgens bis abends, zu jeder Tages- und Nachtzeit mit Tee vergnügen. Sie liebte das rotgoldene Leuchten eines Darjeeling und behauptete, sein Geschmack würde verborgene Sehnsüchte freisetzen und Teegenuss sei notwendig, um die alltäglichen Dinge in ihrer Einzigartigkeit wahrzunehmen, während der mit geele Köm versetzte blonde Tee Ricklef seit Wochen half, sich in Geduld zu fassen und Ruhe zu bewahren. Denn seit Ende November folgte Sturm auf Sturm und Orkan auf Orkan, der die Hallig unter Wasser setzte und den jungen Schiffer zwang, notwendige Versorgungsfahrten immer wieder aufzuschieben.

Ricklef war darüber zunächst nicht beunruhigt. Er wusste, dass es in der Welt jenseits des Festlandes oft anders kommt als man denkt und plant, und widmete sich seinen Kindern, las viel oder beschäftigte sich mit Wattfunden, die er in einem Eckschapp des Pesels aufbewahrte. Die kleine Sammlung war gewachsen, seit ihm Jens Sörensen Wand, der Vogelwart von Norderoog, der immer wieder mal übers Watt nach Hooge kam, dann und wann Fundstücke schenkte.

Ricklef mochte den eigenwilligen Mann und gebürtigen Dänen, der auf der Vogelhallig in großer Einfachheit lebte und dessen Liebe den Seevögeln gehörte, vor allem den Brandseeschwalben, die damals noch in großer Zahl auf der Vogelhallig nisteten. Seit Norderoog 1909 vom Verein Jordsand gekauft wurde, weilte er Sommer für Sommer auf dem unbefestigten Eiland zum Schutz der brütenden Seevögel.

Ricklef und Anni freuten sich, wenn er sie auf Backenswarft besuchte, ihnen dann und wann die gut verdaulichen Lachmöweneier mitbrachte und bei Teepunsch und Knerken von „seinen Vögeln" erzählte. Eine besondere Beziehung hatte er zu den Austernfischern, die nah der Schutzhütte brüteten. Wie ein Vater seine Kinder rief er die Vögel an und sprach viel von „Peter", seinem Liebling, der sehr zutraulich war und von dem er sogar glaubte, der würde ihn verstehen.

Ricklef, der Jens Wand am Ende des Sommers öfter nach Husum schipperte, wo er den Winter verbrachte, hat später in seinen Vorträgen, die er vor Gästen hielt, immer wieder betont, wie viel er von dem Mann mit wallendem Bart und struppigem Haarschopf gelernt habe, der in seinen mit bunten Flicken besetzten Hosen und Hemden herrlich unbekümmert und selbstvergessen lebte.

„Der Vogelwart wusste um die höhere Klugheit des Windes", pflegte Ricklef zu sagen:

„Ihr wollt wissen – warum? Ich will es euch sagen: Weil er in einer bretterbeschlagenen und auf Holzpfählen stehenden Hütte wohnte, die winddurchlässig war."

Denn dies hatte der Vogelwart erfahren, dass der Wind von See, wenn ihm kein Widerstand entgegengesetzt wird, seine Kräfte in der Weite und Leere des Raumes erlahmend zerstreut.

Was winddurchlässig sei, überstehe die Stürme am besten, hatte Jens Wand gesagt, und dass es da draußen darauf ankomme, den starken Seewinden möglichst wenig Widerstand zu bieten.

Käpt'n Ricklef Petersen erlebte den „Vogelkönig von Norderoog", wie er später genannt wurde, als vergnügten Menschen – im ursprünglichen Sinne des Wortes als einen, der sich genügen ließ an dem, was er hatte und ihm der Tag bot, es sei viel oder wenig, schwer oder leicht. So karg und beschwerlich sein Leben erschien, er war zufrieden, eben vergnügt. Er wusste, dass dem Menschen Grenzen gesetzt sind, nahm diese Grenzen bewusst an und genoss das, was ihm gegeben war. Vielleicht braucht es die Abgeschiedenheit und produktive Einsamkeit, wie er sie, dem Meer ungeschützt preisgegeben, als Vogelwart auf Norderoog erlebte, um die versteckten Mechanismen von Ehrgeiz und Gier, von Besitzenwollen und Maßlosigkeit in sich aufzudecken und zu erkennen, worauf es im Leben eigentlich ankommt, nämlich zu lieben, ohne zu besitzen.

Tief erschüttert waren Ricklef und Anni, als der Vogelwart Ende Mai 1950 im Alter von fünfundsiebzig Jahren im Wattenmeer umkam, das er wie kaum ein anderer kannte. Sein Ende vorausahnend, soll er kurz vor seinem Tod gesagt haben: *Eenmal halt de Woogen mi doch.* Auf dem kleinen Hooger Friedhof, der die Kirche umsäumt, fand er seine letzte Ruhe.

Als nach gut zwei Stunden Anni vom Kaufladen zurückkam, sagte sie zu Ricklef, der noch immer mit seinen Wattfunden aus Rungholts Tagen beschäftigt war: „Ich habe im Kaufladen Modder Mike getroffen. Sie war ganz außer sich vor Freude und lud mich ein, ja hat darauf bestanden, dass ich noch auf ein Tässchen Tee zu ihr komme. Das durfte und wollte ich ihr nicht abschlagen. Darum bin ich so spät dran … Und stell dir vor, Ricklef: Leif kommt Weihnachten nach Hause."

„Das ist ja großartig", freute sich Ricklef.

„Ja, Leif ist genesen. Er sei gesund, haben die Ärzte gesagt und wird aus dem Schweizer Sanatorium entlassen und darf zurück nach Hooge. Als Modder Mike mir das erzählte, haben wir uns umarmt und Freudentränen geweint …"

„Das kann ich verstehen, Anni. Damit hat für Leif ein schier endloser Leidensweg ein Ende gefunden, ein gutes Ende. Was nach allem, was er in den vergangenen Jahren durchgemacht hat, doch irgendwie an ein Wunder grenzt, meinst du nicht auch?"

„Das kann man wohl sagen. Und für die Hansens hat nun die ewig lange Zeit des Bangens und Hoffens ein Ende."

„Hat Modder Mike gesagt, was Leif vorhat und er in Zukunft machen wird?", fragte Ricklef.

„Leif will auf der Hallig bleiben und, wie's aussieht, Postschiffer werden."

„Wie sein Vater."

„Ja, zur Freude von Vadder Ove. Wenn Leif die Tradition der Hansens, die seit Generationen Postschiffer sind, fortsetzt, wäre das für sie noch ein zusätzliches Geschenk ... Ach ja, eine Bitte hatte Modder Mike noch. Ob du wohl Leif mitnehmen kannst, wenn du in Husum bist, deine Weihnachtseinkäufe für die Hallig gemacht hast und nach Hooge zurückfährst? ... Leif gesund wiederzuhaben, sei doch ihr schönstes Weihnachtsgeschenk, meinte sie noch."

„Hat sie gesagt, wann Leif in Husum sein wird?", fragte Ricklef.

„Drei oder vier Tage vor Weihnachten soll er in Husum sein. So sei's geplant", meinte Anni. „Ganz genau konnte sie mir das nicht sagen. Wäre aber doch schön, wenn es klappt."

13. Das Weihnachtsschiff

Eigentlich wollte Käpt'n Petersen die Weihnachtseinkäufe längst erledigt haben. Seit Wochen wartete er, um mit der *Annemarie* rauszufahren, seinem neuen, größeren Frachtschiff, das er vor Monaten erworben hatte, nachdem er die *Harald* gewinnbringend verkaufen konnte. Aber die rasch aufeinander folgenden Stürme, Orkane und Landunter erlaubten das nicht. Jetzt fehlt nur noch der Eiswinter, dachte er und ließ ein grimmiges Lachen hören, als das Wetter tatsächlich abermals umschlug. Wohl hatten die Stürme aufgehört, und alles Wasser war vom Halligland ins Meer zurückgeflossen, doch sanken plötzlich die Temperaturen bei dichtem Nebel zweistellig unter null. Eine klirrende Kälte schloss die Priele mit einer dicken Eisschicht und verwandelte das Wattenmeer nach kurzer Zeit in ein Eismeer. Nervosität überkam ihn.

Morgen ist Mondwechsel, stellte er fest, dann müsste Tauwetter einsetzen. Wenn ich dann nicht rausfahre, schaffe ich es nicht mehr bis Weihnachten. Dann gäbe es keine Weihnachtsbäume und Geschenke auf dem weihnachtlichen Gabentisch und groß wäre die Enttäuschung bei den Kindern auf der Hallig. Kai-Uwe und Swantje hatten auch einen Wunschzettel abgeliefert. Auch wollte man auf keinen Fall auf einen Tannenbaum verzichten, der für viele auf Hooge einfach zu Weihnachten gehörte. Und wie traurig wäre es für Leifs Eltern und für ihn selbst, wenn er es zur Weihnacht nicht auf die Hallig schaffte. Auf den Schiffer sei Verlass, hieß es auf Hooge bei Jung und Alt. Und ihre Erwartungen wollte Ricklef auf keinen Fall enttäuschen. Ich muss morgen raus, mag der Eisgang noch so heftig und gefährlich sein, sagte er sich.

Da Käpt'n Ricklef Petersen auf dem Schiff und für die Einkäufe in Husum noch einen zweiten Mann brauchte und dabei an den jungen Harlie dachte, der ihn schon öfter begleitet und später die Bestellungen auf der Hallig verteilt hatte, fuhr er mit dem

Fahrrad zur Ockenswarft, um Fischer Ocke Johannsen zu fragen, ob er seinen Mitarbeiter entbehren könnte. Da von Ockes Seite nichts dagegensprach und Harlie bereit war, Ricklef zu helfen, brachen die beiden bei auflaufender Tide am späten Vormittag des nächsten Tages auf.

Geschickt manövrierte Ricklef die *Annemarie* durch das Eis, umfuhr weiträumig Sandshörn und sah in der Ferne die bizarren Formen eines Eisgürtels, der die Halligen Gröde und Habel umschloss. Seine Hände glitten übers Ruder, mal nach Backbord, dann wieder schnell nach Steuerbord, um den größeren Eisschollen auszuweichen. Sie waren auf der Höhe von Nordstrandischmoor, als starker Wind aufkam und von Minute zu Minute die Eisschollen zahlreicher wurden und das Schiff umzingelten und umklammerten, als wollten sie es auf ihre frostigen Schultern heben.

„Eis, nichts als Eis, Eis, Eis", schrie Harlie.

Ricklef erkannte die Gefahr, durch den Druck der Eisschollen von der Fahrrinne abzukommen und auf eine der gefährlichen Sandbänke abgedrängt zu werden.

„Wir müssen bei einer Seetonne vor Anker gehen, Harlie, dann kriegen wir zu wissen, wann wir anfangen zu treiben", rief Ricklef.

„Ja, warten bis wieder Bewegung ins Eis kommt", erwiderte Harlie. „Bei Tidenwechsel werden die Eisschollen das Schiff wieder freigeben."

„Genau, Harlie, dann haben wir ablaufendes Wasser und eine Strömung, die uns nach Husum trägt."

Als der Ewer im letzten Licht des Tages vor Anker ging, warf Käpt'n Petersen noch einen Blick auf die vereiste Weite, die ihn umgab. Jetzt kommt die Nacht, deren eisiger Hauch sich wie ein schweres, froststarres Laken über Schiff und Meer legt, dachte er und begab sich mit Harlie in die Kajüte. Sie machten sich einen Teepunsch, um sich aufzuwärmen, und aßen ihre mit Porrenfrikadellen belegten Brote, die Anni ihnen mitgegeben hatte, als Harlie sagte:

„Diese Orkane und Landunter in den vergangenen Wochen. Wir konnten ja nicht raus zum Fischen. Ich hatte Zeit, und Ocke gab mir Chroniken zu lesen von Flutkatastrophen."

„Dann hast du bestimmt auch in die *Nordfriesische Chronik* von Anton Heimreich reingeschaut?", fragte Ricklef.

„Ja, das habe ich und war sehr bewegt von dem, was ich über die große Flut 1634 las. Habe mir sogar etwas aus der Chronik herausgeschrieben."

Harlie zog aus einer kleinen Ledertasche, die er immer bei sich trug, ein Papier und las diese Sätze:

Die finstere Nacht hat vielen die große Gefahr verborgen und ihnen auch alle Mittel geraubt, der Flut zu entkommen. Viele sind in ihrem Bett bei sicherem Schlaf weggetrieben. Andere haben fliehen wollen und sind neben ihren Häusern und Gütern von den Wellen mitgerissen und fortgespült worden. Wiederum andere, Männer, Frauen und Kinder, haben sich mit Stricken aneinandergebunden, damit die grausamen Wellen sie wenigstens im Tode nicht trennen. Und viele haben sich mit ihren Hausgenossen auf die Dächer begeben und sind dort wie auf einem Schiff herumgeführt worden, bis auch dies von den Wellen zerschlagen wurde …

Harlie verstummte. Eine gespannte Stille ergriff beide, bis Ricklef nach einer Weile meinte:

„Ich kann mir vorstellen, Harlie, dass dich so ein Bericht aufwühlt, vielleicht sogar irritiert, aber auf jeden Fall herausfordert und vor Fragen stellt, sagte Ricklef. Du bist in den Bergen groß geworden, im Süden unseres Landes, und noch keine zwei Jahre hier auf der Hallig …"

„Ja, ja, aber du weißt", unterbrach ihn Harlie, „wie gern ich auf der Hallig bin. Ich mag die Landschaft, mag die Menschen und fühle mich wohl. Aber angesichts der großen Sturmfluten, von denen die Menschen hier schon heimgesucht wurden, und des Unheils, das sie angerichtet haben, kommt einem natürlich die Frage: Warum ziehen die Bewohner der Halligen nicht aufs Festland? Weshalb bleiben sie und setzen sich immer wieder den Gefahren von Stürmen und Orkanen aus?"

„Du hast recht, Harlie, wenn du meinst, es sei oft mühsam und beschwerlich, hier draußen zu leben und zu überleben. Nach der Sturmflut 1825, bei der allein auf Hooge vierundzwanzig Menschen ihr Leben verloren haben, sind nicht wenige Nordfriesen in die Vereinigten Staaten ausgewandert. Das aber haben sie nur getan, weil nach der Flut eine große Armut herrschte. Die meisten sind geblieben und würden unter keinen noch so widrigen Umständen diese Handvoll Erde im Meer verlassen."

„Aber warum, Käpt'n, warum würden sie es nicht tun?"

„Weil sie das Halligland lieben, Harlie …

Es ist ihre Heimat, die sie auch gegen die Naturgewalten verteidigen, wenn nötig und erforderlich, unter Einsatz ihres Lebens ... Von jeher singt die Hallig das Lied menschlicher Selbstbehauptung. Das erzählen die großen Sturmfluten, die auf ihre Weise die Eigenschaften der Halligbewohner hervortreten lassen – ihre Hartnäckigkeit, ihren Mut, ihre Geduld ... Aber einmal abgesehen davon, dass die hier vorgelagerten Inseln und Halligen als Wellenbrecher dienen und dazu beitragen, das Festland zu sichern, es also notwendig und sinnvoll ist, die Halligen zu schützen und bewohnbar zu halten – habe ich mich noch etwas anderes gefragt ..."

Ricklef hielt inne, griff nach dem Weihnachtsgebäck, das Anni gebacken und ihnen mitgegeben hatte, und reichte es weiter an Harlie, der ihn erwartungsvoll ansah.

„Ich habe mich gefragt", fuhr Ricklef fort, „ob es nicht vielleicht gerade die todbringenden Schrecken des Meeres sind, die dem Gesicht dieser Landschaft Tiefe geben und ihm Schönheit verleihen. Eine abgründige Schönheit, zugegeben ... Um die man aber wissen muss, um hier draußen leben zu können. Die See ist, wie sie ist, Harlie, hart und ungeschminkt und zutiefst ehrlich."

Es war Mitternacht geworden, als Ricklef dumpfe Geräusche hörte und merkte, dass der von schwerem Eis umschlossene Ewer anfing, sich zu bewegen.

„Sieht ganz danach aus, dass wir weiterfahren können", sagte er und verließ mit Harlie die Kajüte. „Ankergeschirr rauf. Die Maschine läuft. Auf geht's", rief er und „Leinen los!"

Ricklef warf einen Blick zum Himmel, der übersät war von Sternen. Die Luft war klar und der helle Mond gab den Eisschollen Konturen, sodass ihnen leicht auszuweichen war. Schnell trug sie die Strömung die Norderhever hinauf. Nach einer Stunde erreichten sie den Heverstrom, ließen das Nordstrander Watt und Süderhafen Backbord liegen und erreichten gegen zwei Uhr nachts Husum. Der Hafenmeister, mit Schlaf in den Augen, war höchst erstaunt, als er die *Annemarie* einlaufen sah, und rief Ricklef zu:

„Sag mal, wo kommst du denn her – doch wohl nicht von Hooge?"

„Komme von Hooge", sagte Ricklef mit einem zufriedenen Grinsen.

„Wie hast du es nur durchs Eis geschafft mit deinem Kahn?"

„Es brauchte Zeit, wir waren von schwerem Eis umzingelt und umschlossen, mussten vor Nordstrandischmoor an einer Seetonne festmachen und warten ... Warten bis zum Tidenwechsel ... Aber dann ging's im Slalom an den großen Eisschollen vorbei", erklärte Ricklef.

„Alle Achtung, Käpt'n!", sagte der Hafenmeister. „Übrigens wussten die Pellwormer von deiner Fahrt, du weißt, der Skat Club ... Die schlossen eine Wette um einen blauen Schein, dass du es nicht schaffst. Nur Haye Knudsen hat auf dich gesetzt. Der scheint dich gut zu kennen, er meinte, dir würde immer alles gelingen. Ist heute wohl nicht das erste Mal ... Da fällt mir ein ... Gestern war ein junger Mann hier, hat nach dir gefragt, Leif Hansen heißt er, wenn ich mich recht erinnere."

„Hat er gesagt, wo ich ihn finde? Will ihn nach Hooge mitnehmen, wenn ich meine Weihnachtseinkäufe gemacht habe und zurückfahre."

„Ja, er hat mir eine Telefonnummer gegeben, wo er zu erreichen ist, und mich gebeten, sie an dich weiterzugeben", sagte der Hafenmeister, wünschte Ricklef noch Erfolg bei seinen Einkäufen und verschwand.

Eine eisige Dunkelheit lag über der Stadt, als Ricklef und Harlie in der Frühe aufbrachen und in den Straßen Husums von Geschäft zu Geschäft eilten, um ihre Weihnachtseinkäufe zu tätigen. Käpt'n Petersen hatte von den Hoogern eine lange Liste von Bestellungen mitbekommen und entsprechend viel Geld, um alles zu bezahlen. Was stand da nicht alles auf dem Einkauf- und Wunschzettel der Hooger – von Mehl, Fett und Zucker zum Backen bis hin zu Tannenbäumen in unterschiedlichen Größen. Von bunten Glaskugeln und Lametta reichte die Wunschpalette bis hin zu Nüssen und Schokolade für die bunten Teller und natürlich Tee und Kaffee. Aber auch praktische Dinge waren auf dem Bestellzettel wie Nähgarn, Gummiband und Schmerztabletten. Gewünscht wurden nicht zuletzt auch Nägel und Krampen, um Seile und Riemen einzuhängen, und gebogene Nägel mit zwei Spitzen, um Spanndrähte an Pfosten zu befestigen. Das alles zu besorgen, brauchte Zeit.

Von den Einkäufen ermüdet, machten Ricklef und Harlie gegen Mittag eine Pause: „Ich glaube, Harlie, wir haben jetzt eine Stärkung verdient, was meinst du?", sagte Ricklef und wies auf Dragseth's Gasthof am Zingel hin, von dem sie nur hundert Meter entfernt standen.

„Keine üble Idee", sagte Harlie und folgte Ricklef mit kurzen Schritten in den Traditionsgasthof. Sie hatten sich gerade eine Fischsuppe bestellt, als überraschend Ole Onken eintrat, der sich seit Tagen für einen Arztbesuch in Husum aufhielt und nun auf eine Gelegenheit wartete, wieder auf die Hallig zurückzukommen.

„Schön, dass wir uns treffen", sagte Ole. „Dich schickt der Himmel. Wenn du noch auf deinem Schiff Platz hast, Ricklef, würde ich gern mitfahren. Das verrückte Winterwetter hat mich schon länger als geplant in Husum festgehalten. Es sei sehr fraglich, wurde mir gesagt, ob man bei so viel Eisgang noch mit der Fähre über Pellworm und dann weiter nach Hooge kommen kann. Und auf Pellworm möchte ich auch nicht stecken bleiben. Hatte schon befürchtet, nicht mehr vor Weihnachten nach Hause zu kommen."

„Für dich, Ole, ist immer Raum bei mir. Das weißt du doch. Übrigens hatte Anni versucht, dich auf Hooge zu erreichen, sie wollte dich fragen, ob du Lust und Zeit hast, am zweiten Weihnachtstag zu uns zum Essen zu kommen."

„Vielen Dank für die Einladung! Komme natürlich gern", sagte Ole.

„Ich muss noch der Spar- und Darlehenskasse einen Besuch abstatten und einen Rest von Einkäufen zur Weihnacht machen", sagte Ricklef, nachdem er mit großem Appetit die Fischsuppe gegessen hatte. „Dafür kann ich Harlie nicht gebrauchen. Darf ich euch allein lassen? Wir treffen uns am Schiff, wo auch Leif Hansen zu uns stößt."

Ricklef verließ Dragseth's Gasthof, erledigte den notwendigen Besuch bei der Spar- und Darlehenskasse und genoss es danach, noch einmal still die weihnachtlich geschmückten Gassen zu durchstreifen, um nach „Kornblumen" zu suchen. So nannte er

Dinge, die zweckfrei und eigentlich „überflüssig“ sind, aber große Freude machen. Warum er sie so wichtig fand und mit großem Vergnügen nach ihnen Ausschau hielt, besonders zur Weihnachtszeit, sagte er nicht in unserer Runde zur Dämmerstunde. Ich verstand es erst später, als ich in seinem Logbuch unter der Überschrift *Wie die Kornblume zum Weizenfeld gehört, so das Überflüssige zum Notwendigen* diese Gedanken las:

Ich spüre, dass wir im Leben etwas brauchen, das über den Bereich des Notwendigen hinausgeht. Die kleinen, scheinbar überflüssigen Dinge gehören notwendig zum Leben dazu. Sie haben etwas Heiteres, Verspieltes, Traumhaftes. Sie können an längst Vergangenes erinnern, es in mein Bewusstsein zurückholen oder mich einladen, innezuhalten. Wie auch immer - sie sind auf ihre Weise ein Signal der Freiheit und können mir, gerade weil sie keinen unmittelbaren Nutzen haben, sondern einfach nur schön sind, zum Zeichen der Selbstachtung werden.

Als Käpt'n Petersen Harlie und Ole verlassen hatte, fragte Ole:

„Na Harlie, wie schmeckt dir der scharfe Winter? Kannst du es auf der Hallig aushalten?“

„Sie sind ein ungewöhnliches Fleckchen Erde, diese Halligen“, sagte Harlie. „Habe letzte Nacht, als wir vor Nordstrandischmoor im Eis festsaßen, schon mit Ricklef darüber gesprochen. Ist wirklich nicht so einfach, hier draußen zu leben, besonders im Winter. Du merkst doch selbst, Ole, was der Eiswinter dir aufbürdet.“

„Stimmt, der Winter fordert uns einiges ab", erklärte Ole, „dennoch, man kann auch im Winter, der hier draußen so ist, wie er ist, herrlich leben. Nur eine Voraussetzung ..."

„Und die wäre?", fragte Harlie.

Ole hielt einen Moment inne und suchte Blickkontakt mit Harlie, der an einem Mokka nippte. Dann sagte er: „Man muss gelernt haben, mit sich selber fertig zu werden. Darauf kommt es an. Verstehst du? Man hat keine Fluchtmöglichkeit. Mehr als an jedem anderen Ort bist du hier dir selbst ausgeliefert, musst dich aushalten, so wie du dran bist, mit deinen Möglichkeiten, aber eben auch mit deinen Begrenzungen und Einschränkungen, die dir auferlegt sind. Indem die Halligwelt, die den Naturgewalten unmittelbar preisgegeben ist, den Menschen auf sich selbst zurückwirft, zielt sie auf das Eigentliche, auf das Wesentliche. Ihre Einsamkeit ist kreativ und fruchtbar. Sie legt die Tiefen und die Untiefen der menschlichen Seele frei und macht, dass der Mensch mehr über sich in Erfahrung bringt."

„So habe ich das noch nie gesehen", sagte Harlie und bestellte sich noch einen Mokka.

Als sich am frühen Abend alle am Schiff trafen, war die Freude des Wiedersehens mit Leif groß. Da Käpt'n Petersen drängte, gleich in See zu stechen, gingen Ole und Harlie in die Kajüte, während sich Ricklef mit Leif ins Steuerhaus begab.

„Du siehst wirklich gut und erholt aus, Leif. Musst auf der Rückfahrt von dir erzählen, oder noch besser, weil das natürlich auch Anni interessiert, du kommst am zweiten Feiertag zu uns zum Essen", sagte Ricklef. „Dann kannst du auch Annis Tannenbaum bewundern, den sie Jahr um Jahr so gedankenreich schmückt."

„Danke, Ricklef. Bin gern dabei, wenn meine Eltern mich nicht schon anders verplant haben."

„Da kann ich dich beruhigen. Anni hat auch deine Eltern eingeladen. Wir freuen uns auf euch ... Stelle übrigens fest, alter Freund, dass dein Gesicht die Glut und Farbe deiner Jugendjahre hat und entdecke heute in ihm eine Tiefe, die es damals, meine ich, noch nicht hatte, mir jedenfalls erst heute auffällt. Sag mir jetzt nur, wie du dich fühlst. Alles andere erzählst du später, wenn du magst."

„Als mir der Arzt sagte, ich wäre genesen, Ricklef, und darf nach Hause, da fühlte ich mich wie ein Vogel, der noch einmal dem Netz des Vogelfängers entronnen ist und wieder fliegen darf: Verstehst du? Zerrissen ist das Netz ... Fühle mich frei, wie neu geboren."

14. Haselnussketten und Erlenfrüchte

Als Anni die Tür zum Pesel öffnete und die Gäste die festlich gedeckte Tafel und den Weihnachtsbaum sahen, verstummten sie. Es war ein Verstummen, das Staunen und Überraschung verriet. Anni hatte in die Mitte des Esstisches einen friesischen Kinkenbaum gestellt, ein dreiarmiges Holzkreuz, umrahmt von einem grünen Buchsbaumkranz, in dem das „Kinkentüch" hing, mit Rote-Bete-Saft bemalte Figuren aus Wasser, Mehl, Hirschhornsalz und Rosenwasser. Leifs Vater, der Postschiffer Ove Hansen, einer der wenigen auf der Hallig, die noch fließend friesisch sprachen, hatte sichtbar Freude beim Anblick der Weihnachtspyramide. Mit Worten des Lobes machte er der feierlichen Stille ein Ende:

„Wunderbar, Anni! Die Figuren sind vorzüglich gelungen. Für mich alles Sinnbilder für Glück, Stärke und Fruchtbarkeit."

„Meine Mami sagt aber, es sind Zeichen für Kraft, Licht und Segen", platzte es aus Swantje heraus.

Während Ole Onken zustimmend lächelte, wies Ricklef seine sechsjährige Tochter zurecht, nicht so vorlaut zu sein.

Swantje schmollte. „Stimmt das denn nicht, Mami?"

„Ja, es stimmt, aber man kann das auch so sagen, wie Onkel Ove es getan hat", erklärte Anni, dankte Ove Hansen für das ehrlich gemeinte Lob und ging mit Modder Katharina und Kai-Uwe hinaus, um das Essen hereinzutragen.

„Und welche Bedeutung haben die vier roten Kerzen im friesischen Kinkenbaum?", fragte Swantje.

„Die stehen für die vier Adventssonntage", sagte Ole Onken, der das gedämpfte Licht der roten Kerzen in den wachen Augen des kleinen Mädchens gespiegelt sah und den festlich gedeckten Tisch sichtlich genoss.

„Ich muss beim Kerzenschein vom Kinkenbaum an Knut Levsen denken", ergriff nun der Postschiffer das Wort. „Mit ihm ist für mich unvergesslich eine adventliche Erfahrung verbunden", sagte er, hielt einen Augenblick inne und schaute in die Runde, um sich der Aufmerksamkeit der kleinen Tischgesellschaft zu vergewissern; und begann dann zu erzählen:

„Es war ein kalter Dezembertag wie der heutige, als ich mit Knut in der Küche seines Hauses auf Ockenswarft saß. Während es draußen erneut zu schneien anfing und Starkwinde aus Nordwest auf der Hallig ein Schneegestöber entfesselten, brannte und knackte im Herd das Strandholz, das er vor Monaten im Watt gefunden, getrocknet und ofengerecht zersägt hatte. Im Grunde war alles, was mir der Mann erzählte, eine Liebeserklärung an die Hallig. Sie habe seinen Atem groß und weit gemacht, sagte er. Denn schon in jungen Jahren sei ihm so eng in der Brust gewesen, dass die Leute glaubten, er würde nicht alt. Eigentlich wollte er Schmied werden. In der Schule hatten sie ihm gesagt, das wäre ein gesunder Beruf.

‚Aber nichts davon. Über dem offenen Feuer lag ständig Zug', sagte er. Der habe das Gas vom Feuer weg ihm ins Gesicht getrieben.

‚O dieser furchtbare Qualm!', sagte er immer, tödlich sei das für seine Lunge gewesen.

Als vierzehn der Weltkrieg begann, wurde er zur Infanterie eingezogen. ‚Aber da kam nichts nach', sagte er lächelnd. Mit seinem Lungenbluten und kurzen Atem konnten sie ihn nicht gebrauchen. Dieser Krieg war aus für ihn, nicht aber der Krieg mit seiner Lunge, der fing erst richtig an und zog sich über Jahre hin. Nach Ende des Krieges wurde er so krank, dass er ans Festland ins Krankenhaus gebracht werden musste. Die Schwester, die ihn im Krankenhaus in Empfang genommen hatte, traf er später wieder. Sie wunderte sich, dass er noch lebe, das Blut sei ja man immer so gelaufen.

Aber dann eines Nachts, sagte er, sei's geschehen. Er wachte auf und sah eine Schrift an der Wand wie von Kerzenflammen, ein Spruchband, ungefähr neun Zentimeter, so quer rüber; und darauf stand:

Seid unverzagt, ihr habet die Hilfe vor der Tür,
der eure Herzen labet und tröstet, steht allhier.

‚Weg war's. Von da an ging es bergauf', sagte Knut.

Wenige Tage später arbeitete er wieder im Heu. Eigentlich wehte es viel zu stark, um ins Heu zu fahren. Er tat es dennoch.

‚Das gab Schweiß', sagte er. ‚Aber da kam nichts nach – kein Lungenbluten, keine Lungenentzündung, nicht die geringste Verkühlung, gar nichts.'

Das war sein Advent. Der hat den jahrelangen Krieg mit seiner Lunge beendet und ihr Frieden gegeben. Davon war Knut Levsen überzeugt."

„Aber Advent mitten im Sommer – wie das?", fragte Kai-Uwe mit ungläubigem Staunen.

„Ja, mitten im Sommer", bestätigte Ove Hansen.

„Wie das möglich ist, willst du wissen?", schaltete sich der von seiner Lungenkrankheit genesene Leif ein und meinte: „Ist für mich ziemlich einfach zu erklären, Kai-Uwe. Habe es selbst erfahren. Es gibt Termine, die stehen nicht in unserm Kalender und existieren dennoch. Nur muss man manchmal lange auf sie warten und sich in Geduld fassen. Aber sie kommen, wenn die Zeit dran ist. Im Schweizer Sanatorium hieß es: *Gottes Zeit sei immer*."

„Das ist schön gesagt", meinte Anni. „Und dass du, lieber Leif, wieder gesund und zurück auf der Hallig bist nach allem, was du durchgemacht hast, ist nicht weniger ein adventliches Zeichen und Leuchten."

Im Allgemeinen reden Halligleute nicht viel beim Essen. Ohnehin gilt für sie von jeher, dass sie mehr Nutzen aus dem Schweigen als aus dem Reden ziehen. An diesem Mittag aber schienen ihre Zungen gelöst. Anlass dafür war aber nicht mehr der friesische Kinkenbaum, der anfangs die Aufmerksamkeit und Anerkennung der Gäste gefunden hatte, sondern Annis festlich geschmückte Kiefer. Denn nachdem Kai-Uwe und Swantje mit ihrer Mutter die Kerzen entzündet hatten, ging von ihren langen Nadeln ein Duft und Geschmack aus, der sich nachhaltig ihren Sinnen mitteilte und alle zu verzaubern schien.

„Mit der Kiefer haben wir, wie's aussieht, das Aroma des Waldes im Pesel", begann Ole Onken das Gespräch und meinte: „Was für ein Geschenk für uns, die wir auf der Hallig doch so baumhungrig sind."

„Über das köstliche Weihnachtsessen hinaus, was du, Anni, uns bereitet hast", ergänzte Leifs Mutter Mike. „Magst du uns denn verraten, woher du diesen schön gewachsenen Baum hast, von dem so viel Licht und Wärme ausgeht?"

„Na, ist doch klar, den hat unser Käpt'n vom Weihnachtsmarkt in Husum mitgebracht", warf Ole Onken ein. „Ich habe die vielen Tannenbäume gesehen, die er vor fünf Tagen durch die Eiswüste geschippert hat."

„Falsch, Onkel Ole, falsch geraten!", triumphierte lauthals Swantje, presste ihre Lippen zusammen und wies mit einer schnellen Armbewegung auf ihre Großmutter.

„Swantje hat recht", sagte Anni. „Der Baum ist nicht vom Festland. Er hat seine eigene Geschichte. Vor mehr als zwei Jahrzehnten hatte Modder Katharina die Kiefer als zartes Pflänzchen von einer Reise nach Garmisch mitgebracht und in ihren Warftgarten gepflanzt, wo es dank ihrer Pflege zu dem Baum wurde, der er heute ist. Kurz vor dem Fest hatte Ricklef die Kiefer in einen breiten Fuß gestellt."

„Der von Anni mit Umsicht und Fantasie gestaltete Baum gibt unsrer häuslichen Weihnacht ihren unverwechselbaren Ausdruck", sagte Ricklef. „Es bedarf keiner weiteren Gestaltung der Feier im Hause. Denn sein Kleid selbst ist Feier und sein Schmuck sichtbar gestaltete Weihnacht. Der Baum trägt Annis Handschrift. Aus ihm spricht ihre Liebe zum Kleinen …

Seht ihr die glitzernden, farbigen Dinge, die so schwerelos in der Kiefer hängen, sich drehen, tanzen und dahinschweben? Sie sind für mich, als wären sie ein Stück von ihr. Sie bewahren Augenblicke ihres Lebens.

Die zarten Figuren aus Holz zum Beispiel, Hund, Rehlein und die drei Erzgebirgsengel erzählen von ihrer Kindheit auf Ockelützwarft wie auch die Mandel- und Haselnussketten, die sie vergoldet und zu einer Kette gefügt hat.

Und wörtlich *erlesen* sind die Erlenfrüchte, die im Baum schweben, seit Anni bei Theodor Storm in einem Weihnachtsbrief an Gottfried Keller von *Traubenbüscheln des Erlensamens* gelesen hat, die einmal Storms Tannenbaum schmückten …"

„Und seht ihr die Fische aus grünem und blauem Hebronglas, die im Baum schweben?", fiel ihm Anni ins Wort. „Die verdanke ich Ole."

„Ja, die habe ich von meiner jüngsten Reise nach Palästina mitgebracht", ergänzte Ole. „Als ich in Jerusalem war, entdeckte ich sie in einem armenischen Keramikladen in der Via Dolorosa und habe sofort an Anni gedacht. Auf dem Glas steht das griechische Wort für *Fisch*, das Erkennungszeichen der ersten Christen ..."

„Und so singt der geschmückte Baum Annis Lied von Begegnungen, Erinnerungen und Freundschaften", sagte Käpt'n Ricklef Petersen und schaute sichtlich zufrieden in die Runde.

„Es gibt aber, mein Sohn", noch ein anderes Lied, das die Kiefer singt, die hier so schön im weihnachtlichen Glanz erstrahlt, erklärte Katharina.

„Und das wäre, Modder?", fragte Ricklef.

„Das Lied der Vergänglichkeit. Ist es nicht auch schade, ja traurig um die Kiefer bestellt? Erst wächst sie viele Jahre, dann wird sie abgeschlagen und am Ende ins Biike-Feuer geworfen."

„Du hast recht, Modder, wir sollten das Vergehen dessen, was ist, nicht vergessen. Es ist gewiss klug, daran zu denken, wie's ja auch am Alkoven steht, in dem Vadder gestorben ist: *Lehre uns unsere Tage zählen*."

„Wenn ich die weihnachtliche Kiefer betrachte", schaltete sich Anni ein, „- ich glaube nicht, dass ihr letzter Gesang das Lied der Vergänglichkeit ist. Wer unter Menschen so viel Freude auslöst, wie's dieser festlich geschmückte Baum tut, - muss der nicht auch am Ende das Lied der Freude und Dankbarkeit singen?"

15. Der Europagedanke

Der Küche des „Friesenpesels" entströmte zur *Dämmerstunde* ein intensiver Duft von gestovten Kartoffeln und Porrenfrikadellen. Der teilte sich unseren Nasen so verlockend mit, dass unsere Mundgewässer zur Springtide zusammenliefen und Käpt'n Ricklef Petersen, der anfangen wollte, weiter aus seinem Leben zu erzählen, innehielt und vorschlug, erst zu essen, was ihn nicht abhielt, sich zuvor noch eine Pfeife anzustecken. Hannes Boysen nutzte die Unterbrechung und bestellte eine weitere Kanne Tee. Ipke Feddersen wischte sich den Schweiß von der Stirn, straffte sich und begann mit einem kleinen Kamm seinen Bart zu bearbeiten. Dann fragte er mit hochrotem Kopf und einer Stimme, aus der jede Heiterkeit entwichen schien:

„Wisst ihr noch, Kameraden? Gegen sechs Uhr dreißig morgens heulte die Sirene auf. Feuer auf Mitteltritt!"

Okke Jespersen hatte das Feuer als Erster entdeckt, erinnerte ich mich. Er sah, dass dicker Rauch aus dem Scheunendach quoll und schlug Alarm. In kürzester Zeit war die Freiwillige Feuerwehr von Hooge mit zwei Pumpen am Brandort.

„Wir konnten zunächst gar nicht an den eigentlichen Brandherd herankommen", sagte Ipke. „Dazu mussten wir erst das Dach der Scheune zerschlagen. Eile und Vorsicht waren gleichermaßen geboten. Denn zu verhindern war, dass das Feuer auf das Wohnhaus übergreift."

„Aber wir hatten noch Glück", meldete sich der alte Boysen zu Wort. „Ein scharfer Wind aus Süd hielt Rauch, Feuer und Hitze vom Wohnhaus fern."

Wir waren mit unseren Gedanken noch beim Scheunenbrand, als Fiede Bahnsen, der Hallig-Postbote, in der Tür stand. Ein kupferner Schein des Mondes, der draußen die Nacht erhellte, lag auf seinem gebräunten Gesicht. Er pustete und schien ganz außer Atem.

„Ist viel Wind aufgekommen. Gibt wohl noch Sturm!", rief er und sah in die Runde. Unsere Gesichter glühten. Doch müssen sie in den letzten Minuten einen ernsten Ausdruck angenommen haben. Denn Fiede fragte ganz unverblümt: „Was schaut ihr so griesgrämig und abgesoffen, als hätten eure Gedanken Landunter?"

„Sag lieber, wo du herkommst", fragte Hannes Boysen zurück und zog einen Stuhl an unseren Tisch: „Setz dich, alter Rundlöper!"

Sie nannten ihn Rundlöper, weil er schon als Zwölfjähriger von Warft zu Warft gelaufen war, um Nachrichten wie zum Beispiel die Geburt eines Kindes in die Häuser zu tragen. Seither haftete ihm dieser Name an.

„Komm gerade von Heinke", meinte Fiede. „Wollte sehen, wie's ihr geht nach der Operation."

„Na und? Wie geht's ihr?"

„Sie sagt: ‚De Gall is rut, awer dat Gift is blewen'."

Ich kann mich nicht erinnern, Fiede mal traurig oder auch nur verstimmt gesehen zu haben. Er war eigentlich immer freundlich und gut aufgelegt. Und nie fehlte es ihm, wohin er kam, an aufmunternden Worten oder einem Scherz. Ich glaube, er hatte flüssigen Sonnenschein in seinen Adern.

„Riecht nach Porrenfrikadellen – komm' wohl gerade richtig", meinte er, setzte sich und aß mit uns. Danach aber verabschiedete sich Fiede mit dem Hinweis, er habe noch eine Verabredung und war im Dunkel der Nacht verschwunden, als Käpt'n Petersen zu erzählen anfing, der wie gewohnt genüsslich an seiner Pfeife zog, die er mit süßem Tabak gefüllt und angesteckt hatte. Ich folgte einmal mehr der Bewegung aus blauem Dunst, den er in die Luft stieß, als wären es Gedanken, Worte und Geschichten.

Es war kurz vor Weihnachten im Jahr vierunddreißig. Seit Tagen wehte ein frostiger Wind aus Nordost übers Watt. Der hatte auf dem kleinen Friedhof auf Kirchwarft mit eiskalter Hand die Grabsteine unleserlich gemacht und mächtige Eisschollen aufs Meer geschickt, die jeden Tag zahlreicher wurden. Leif Hansen, der vor zwei Jahren von seinem Vater die Arbeit als Postschiffer übernommen hatte, war dabei, Männer für ein „Eisbootunternehmen" zusammenzurufen. Da ihm in seiner Mannschaft noch ein Mann fehlte, suchte er Ricklef auf, der mit seiner weihnachtlichen Fracht von Husum bereits zurück war, um ihn für das Unternehmen zu gewinnen.

Ricklef führte Leif in die Küche, wo Anni dabei war, Weihnachtsgebäck aus dem Ofen zu holen.

„Du kommst gerade richtig, um meine Futtjes zu probieren", sagte Anni.

„Komm, setz dich, Leif!"

„Vielen Dank, Anni, hab schon draußen den Duft und Geschmack von Weihnachten verspürt."

Anni nahm zwei Becher vom Haken des Küchenregals und schenkte den Männern Kaffee ein, als Leif die mit Eisblumen bemalten Fenster entdeckte, die sonst den Blick aufs Meer freigaben.

„Was ist doch der Eiswinter für ein faszinierender Künstler, was Ricklef?", erklärte Leif und trat an das Fenster, um die Eisblumen näher zu betrachten.

„Leider auch ein schrecklich gefährlicher, wie wir wissen", erwiderte Ricklef.

„So ist es, Ricklef. Darum bin ich hier. Muss unbedingt noch vor Weihnachten Post und Pakete von Pellworm holen. Deine Erfahrung beim Umschiffen der Eisschollen im Rummelloch wäre mir wichtig. Kannst du das einrichten und morgen mitkommen?"

„Hatte mir eigentlich anderes vorgenommen. Aber wenn du meinst, Leif, dann komme ich mit."

„Hätte sehr gern auch Ole Onken, den erfahrenen Fährmann, mit dabeigehabt, der öfter mit meinem Vater gefahren ist. Aber Ole ist ja im Sommer nach Amerika gegangen. Schade."

„Ja, sehr schade, das finde ich auch", sagte Ricklef. „Habe ihm, der ein enger Freund meines Vaters war, viel zu verdanken."

„Ich weiß nur", sagte Leif, „dass Oles Bruder Momme, dessen Frau Amerikanerin ist, ihn schon vor Jahren nach Amerika eingeladen hat. Das hat mir Ole mal gesagt."

„So ist es", sagte Ricklef. „Aber er hat gezögert … hat auch die lange Fahrt über den Atlantik gescheut und seine Abreise immer wieder hinausgeschoben. September neunundzwanzig hatte er noch die feste Absicht, hier zu bleiben. Ich weiß das so genau, weil er immer wieder von einem Europagedanken sprach. Der habe ihn überzeugt, sagte er. Ja, der hat ihn bewegt und begeistert."

„Europagedanke?", fragte Leif stirnrunzelnd. „Was war damit?"

„Soweit ich mich erinnere, war es der Franzose Aristide Briand. Der schlug damals die Vereinigten Staaten von Europa vor", erklärte Ricklef. „Ein unglaublich kühner Gedanke. Weißt du noch Einzelheiten, Anni? Du warst doch mit dabei, wenn Ole davon erzählte."

„Soweit ich weiß", erklärte Anni, „war der Franzose überzeugt, dass vor allem auf wirtschaftlichem, aber auch auf politischem und sozialem Gebiet so etwas wie ein gemeinsames Band zwischen den europäischen Staaten von Nutzen sein könnte."

„Ist das nicht arg weltfremd, so wie die politischen Verhältnisse sind?", sagte Leif.

„Nun ja, der Nationalismus der europäischen Staaten spricht deutlich dagegen", erwiderte Ricklef. „Aber der französische Außenminister meinte, dass der Europagedanke die Souveränität der einzelnen Nationen nicht berühre. Wie auch immer, Ole machte es nichts aus, gegen den Strom des Zeitgeistes zu schwimmen. Er hoffte damals, der Europagedanke würde in der Weimarer Republik Anerkennung finden, zumal er auch von unserm Außenminister Gustav Stresemann unterstützt wurde. Doch war die Reaktion darauf alles andere als begeistert; und es kam anders ..."

„Ja, ja, ich weiß, Ricklef, wie's bei uns war und weiterging ... Es kam die Weltwirtschaftskrise mit ihren fatalen Folgen ... Der Rechtsrutsch bei den Wahlen dreißig. Und das Jahr dreiunddreißig, das Hitler an die Macht brachte, und so weiter und so weiter", erklärte Leif und zog eine Schachtel aus seiner Tasche, entnahm ihr eine Zigarette und steckte sie an.

„So ist es, Leif. Eine Entwicklung, die Ole Onken

gar nicht behagte, ja, ihm je länger desto mehr auf den Magen schlug. Als dann noch zum Boykott jüdischer Geschäfte aufgerufen wurde und es zu Bücherverbrennungen kam, war für Ole das Maß voll und die Entscheidung gefallen, nach Amerika zu gehen."

Als Anni, die noch am Backen war, wahrnahm, dass Leif rauchte, schaute sie ihn verwundert an und sagte: „Tut mir leid, Leif, aber in unsrer Küche wird nicht geraucht. Ricklef, der wie du weißt geradezu vernarrt ist in seine tausend Pfeifen, darf auch nicht in der Küche rauchen … Aber davon ganz abgesehen, sag, warum rauchst du wieder? Nach allem, was du mit deiner Lunge erlebt hast, dürfte dir das kaum guttun."

Leif drückte seine Zigarette aus und sah Anni aus traurig lächelnden Augen an. „Du hast natürlich recht, Anni! Aber ich bin wohl wegen des Eisbootunternehmens morgen ein wenig nervös."

16. Das Eisbootunternehmen

„Ist es wirklich nötig, Leif, bei dieser klirrenden Kälte noch rauszufahren?", fragte Mike Hansen, als sie und Ove mit ihrem Sohn am Morgen des nächsten Tages am Frühstückstisch saßen. „Vadder sagt, das Rummelloch sei schon gefährlich zugefroren und in der noch offenen Fahrrinne wüte schwerer Eisgang."

„Ich muss Medikamente von der Insel holen, Modder. Ihr wisst doch, wie krank Else von Westerwarft ist. Sie braucht die Medizin über Weihnachten. Die Gemeindeschwester hat mit dem Arzt auf Pellworm telefoniert und meint, es sei sehr dringlich. Zudem liegen auf der Insel außer der Post noch Pakete vom Kaufmann und Schlachter bereit, die ich abholen und Harlie noch vor Weihnachten auf Hooge zustellen soll."

„Du weißt natürlich, Jung", sagte Ove Hansen, „was es bedeutet, das Postboot übers Eis zu schieben und die vereisten Wasser vom Rummelloch zu durchschiffen und dann von der Pellwormer Anlegestelle *Bei't Slut* die Post und die weiteren Pakete rechtzeitig wieder übers Eis zum Postboot zu tragen, bevor die Wasser steigen und die Flut kommt."

„Ja Vadder, ich weiß, aber das muss ich riskieren", sagte Leif. „Bin darum auch froh, dass Ricklef mit dabei ist."

„Das verstehe ich gut, min Jung; und würde mich wohl wie du für das Eisbootunternehmen entscheiden. Aber etwas anderes beunruhigt mich."

Ove Hansen machte eine Pause, in der seine Blicke auf einem Wort ruhten, das auf dem Becher stand, den Mike ihm vor Jahren von einer Reise mitgebracht hatte und aus dem der Postschiffer seither seinen Morgenkaffee trank:

Das Meer ist so groß
und unser Boot ist so klein.

Ove trank ein paar Schlucke aus dem Becher und sagte, während seine Augen Leifs Gesicht suchten: „Die Turmruine von St. Salvator auf Pellworm ... Sie ist wichtig für uns Postschiffer."

„Ich weiß, Vadder ... Der Kirchturm ... Vor der großen Mandränke war der zweiundfünfzig Meter hoch und ein Zufluchtsort für Schiffbrüchige, barg sogar das Läutewerk der Glocken. Heute ist die Ruine ein wichtiges Seezeichen."

„So ist es, Leif. Aber sie ist für uns Hooger auch ein Wetterzeichen. Hast du schon rausgeschaut?"

„Ja, ziemlich diesig heute. Haben leider schlechte Sicht."

„Wenn die Turmruine außer Sicht ist, ist mit Unwetter zu rechnen", sagte der alte Postschiffer. „Das haben wir öfter erfahren. Und gestern war Mondwechsel. Wenn dann noch 'ne Springflut hinzukommt ..."

Ove Hansen schwieg und sah seinen Sohn mit besorgten Blicken an.

„Verstehst du, Leif?"

„Werde vorsichtig sein, Vadder, und mit allem rechnen, will aber doch das Beste hoffen", sagte Leif und dankte seiner Mutter für die Brote und die Thermoskanne Tee, packte noch zwei Flaschen geele Köm ein und ging nach Landsende, um das Postboot vorzubereiten, bevor seine Begleiter Ricklef, Hatje, Knut und Harlie und die Hooger Männer eintrafen, die beim Eisbootschieben halfen.

Leif wusste, dass das Eisbootunternehmen nur gelingt, wenn der Einsatz im Zeitraum zwischen dem letzten ablaufenden und dem ersten auflaufenden Wasser erfolgt. Es war also wichtig, rechtzeitig aufzubrechen und zum richtigen Zeitpunkt am Tief des Rummellochs zu sein. Zahlreich waren die Halligleute, die kamen, um zu helfen. Als der Postschiffer das Zeichen zum Aufbruch gab, schoben kräftige Männer das stabile Holzboot mit seinem eisenbeschlagenen Kiel von Landsende übers Eis hin bis zur Fahrrinne. Das war schweißtreibende Knochenarbeit, zumal auf dem Weg bizarre Eisformationen zu überwinden waren und ihnen die Uhr des Gezeitenstroms im Nacken saß. Jeder wusste, - die Eiskante musste erreicht sein, wenn die letzten Eisschollen hinaus aufs offene Meer abtrieben.

Als sie an der Fahrrinne waren und das Postboot ins Wasser schoben, klarte der Himmel auf und gab den Blick auf die Insel frei. Die Turmruine von St. Salvator war nun deutlich zu sehen. Leif atmete erleichtert auf und nickte seinen Kameraden aufmunternd zu:

„Es sieht gut aus, Freunde. Wenn wir Glück haben, kommen wir ohne Schwierigkeiten zur Insel."

Und so war's auch. Die wenigen Eisschollen, die nicht mehr meerwärts abflossen, sondern im Tief des Rummellochs blieben, konnten mühelos umfahren werden, sodass die Ruderer den Eisgürtel, der die Insel Pellworm umschloss, problemlos erreichten. Dort befestigten sie das Postboot und setzten hohe Stangen, um es auf dem Rückweg leichter wiederzufinden. Auch markierten sie mit mehreren Stangen den kürzesten Weg. Gut zwei Kilometer mussten sie noch übers Eis gehen, bis sie die Anlegestelle *Bei't Slut* erreichten, wo die Hooger von Insulanern, die das Eisbootunternehmen schon aus der Ferne mit dem Fernglas beobachtet hatten, mit lautem Hallo begrüßt und mit Heißgetränken empfangen wurden.

Haye Knudsen vom Pellwormer Skat Club, den Ricklef zuvor in Kenntnis gesetzt hatte, dass er den Postschiffer begleiten würde, freute sich, Ricklef zu sehen, der ihm wie in den Vorjahren zur Weihnacht ein neues Skatblatt schenkte. Ricklef wusste, dass Haye nie länger als ein Jahr mit einem Skatblatt spielte. Für lange Gespräche war keine Zeit. Da ihnen nur eine gute Stunde für den Rückweg zur Verfügung stand, drängte der Postschiffer zum Aufbruch und verteilte die Taue, die er zum Festbinden der Pakete und Postsäcke am Körper mitgenommen hatte.

Zum Vorfühlen wegen der Brüchigkeit des zum Teil vom Meerwasser überspülten Eises diente ihnen ein langer Stock. Auf dem Rückweg zum Schiff wurde die Sicht wieder schlechter. Mit einsetzendem Nebel hatten sie nicht gerechnet. Zwar konnten sie die gesetzten Markierungen noch erkennen, doch sackte immer wieder einer von ihnen ein, dass die Pakete zu durchfeuchten drohten. Und so brauchten sie für den Rückweg übers Eis mehr Zeit als sie dachten. Buchstäblich mit letzter Kraft erreichten sie das Postboot.

Als Leif und seine Helfer die Pakete verstauten und das Postboot fahrbereit machten, schwammen im Tief des Rummellochs entlang der Fahrrinne nur kleinere Eisstücke. Weit entfernt schienen die schweren Brocken und Eisformationen. Doch musste die Crew Minuten später erschrocken feststellen, dass mit dem Tidenwechsel Starkwinde aus Südwest aufgekommen waren, die wohl die dicksten Nebelschwaden auflösten und die Sicht verbesserten, aber in rasantem Tempo mit der Strömung mächtige Eisschollen in Umlauf brachten, die sich ihnen entgegenstellten. Während die Männer mit Kurs auf Landsende ruderten, was ihre Kräfte hergaben, schrie Ricklef Petersen seine Kommandos *Scharf Backbord* und *Stürbord* und *Stopp*, um den schweren Eisbrocken auszuweichen oder sie zu umfahren.

Was anfangs noch gelang, wurde aber im Verlauf der Fahrt immer schwieriger. Denn so sehr sie sich bemühten, das Postboot auf Kurs zu halten, sie konnten nicht verhindern, dass sie, von dicken Eisbrocken bedrängt, geschoben und umschlossen, immer weiter nach Nordosten abtrieben. Wenn dann die Männer warten mussten – was öfter geschah und länger als eine Stunde dauerte, bis Wind und Strömung ihr Boot wieder freigaben –, fühlten sie eine bleierne Feuchtigkeit kalt und schmerzhaft den Rücken hochkriechen. Als sie müde und erschöpft, wie sie waren, auch noch zu frieren anfingen, ließ Leif die mitgenommene Buddel geele Köm herumgehen, der die Männer wärmte und ihre Lebensgeister wachhielt. Was ihnen aber Kraft gab, allen Widrigkeiten zum Trotz unverdrossen weiter zu rudern, war, dass sie unablässig an die vielen Pakete dachten, die sie im Schiff hatten und die vor dem Fest noch zugestellt werden sollten, allem voran die Medikamente, die so notwendig gebraucht wurden.

Eine Stafette von mutigen Hooger Männern und Frauen auf der anderen Seite des Tiefs hatte ihr Geschick mit dem Fernglas verfolgt und war ihnen auf dem Eis gefolgt, um zu helfen und sie in Empfang zu nehmen. Es dauerte Stunden, bis sie sich auf etwa 30 Meter genähert hatten. Die Dunkelheit setzte bereits ein und nur der Horizont war noch von lichten Streifen durchzogen, als von einem wurferprobten Boßler vom Hooger Boßel-Verein der Crew des Postbootes eine lange Leine zugeworfen werden konnte und es mit vereinten Kräften schließlich gelang, das Schiff zur Freude aller aus dem dicken Eis in Sicherheit zu ziehen.

Viertes Kapitel

17. Das Zollboot

An einem bewölkten Tag im August sechsunddreißig, als die Welt nach Berlin schaute, wo das Feuer der olympischen Sommerspiele brannte und der farbige Leichtathlet Jesse Owens große Erfolge feierte - glänzten am Anleger von Hallig Hooge statt der Sonne nur die Deckplanken der *Annemarie*, auf denen Käpt'n Ricklef Petersen unruhig auf und ab ging. Sein Gesicht hatte einen eisigen Ausdruck angenommen.

„Wo die nur bleiben?", brummte er und schaute auf die Uhr.

Seit mehr als einer Stunde waren die Männer überfällig, die auf Hallig Hooge eine neue Hafenschleuse bauten. Von Baubeginn an hatte er sie Woche um Woche mit seinem Frachtschiff von Nordstrand abgeholt und wieder zurückgebracht.

Nichts läuft nach Plan heute, dachte er, unterbrach seinen rudernden Gang und steckte sich eine Pfeife an. Während er Rauchkringel blies, bekamen seine Augen einen besorgten Ausdruck. Käpt'n Ricklef Petersen sah die See träge und glatt, in blauen und flaschengrünen Streifen daliegen, als sein Sohn Kai-Uwe den Kopf aus der Kajüte steckte und ihm zurief:

„Du, Vadder, hör' eben über Funk - die Männer sind heute mit Riemann zurück. Und schon weg mit der *Schwalbe*."

Aus Käpt'n Ricklef Petersens Augen funkelte Enttäuschung, die er nur schlecht verbergen konnte. Doch sich in vorgestellte Konflikte zu verstricken, war nicht seine Art. Dem kleinen, schmächtigen Mann mit der feuerroten Nelke am Revers gelang es fast mühelos, sich auf neue Situationen einzustellen und von einer Rolle in die andere zu wechseln, wenn etwas nicht so kam, wie er dachte und wünschte.

„Will mal eben mit Viehhändler Tade Tadsen telefonieren. Vielleicht können wir heute noch 'ne Ladung Vieh nach Husum bringen", rief er seinem Sohn zu, schwang sich aufs Fahrrad und fuhr zur Backenswarft. Als er nach einer halben Stunde zurückkam, sagte er nur:

„Kai-Uwe, wir laufen heute noch aus. Zwanzig Bullen sind zu verladen und heil ans Festland zu bringen."

Ricklefs Sohn, der seinem Vater auf der *Annemarie* assistierte, war ein stiller, verträumter und seit kurzem über beide Ohren verliebter junger Mann. Er gab Ricklef zu verstehen, dass er heute lieber auf der Hallig bleiben möchte.

„Vadder, hab' da so'n gemeines Gefühl im Magen", erklärte Kai-Uwe.

„Kein Wunder, min Jung, kein Wunder, dass dir nicht wohl ist", unterbrach ihn der Alte, „nach allem, was du letzte Nacht gefeiert und inhaliert hast."

Ricklef glaubte, der Wunsch seines Sohnes, auf der Hallig zu bleiben, habe etwas damit zu tun, dass er mal wieder „dicke Backen" hat, was nichts mit Zahnschmerzen zu tun hat, sondern mit zu viel Teepunsch.

„Nein, nein, Vadder, ich mein' das anners", tönte es missmutig und übelgelaunt aus dem Ruderhaus.

„Hab' so'ne Ahnung, die mir sagt – fahr nicht mehr raus! Du wirst noch froh sein, wenn du nicht gefahren bist. Bestimmt wirst du noch froh sein. Und außerdem, hab' den Wetterbericht gehört. Soll noch Sturm geben."

Einen Augenblick herrschte Stille an Deck. Nur das Kreischen der Möwen war vernehmlich. Dann hörte Kai-Uwe seinen Vater in einem ihm seit Kindertagen vertrauten scharfen und keinen Widerspruch duldenden Tonfall sagen:

„Kommt nicht inne Tüte, Kai-Uwe. Wir fahren. Das Vieh muss ans Festland. Ich steh im Wort bei Tade Tadsen. Mach schon! Wir müssen mit der Flut im Strom sein."

Die See gab dem Abend zunächst ein heiteres Aussehen. Doch nach einer Stunde Fahrt verdunkelte sich der Himmel. Nebeldunst kam auf, der in Regen überging. Das Vieh im Laderaum wurde unruhig. Das Frachtschiff war auf der Höhe von Nordstrandischmoor, als im Westen schwere Gewitterwolken aufzogen, rot und schwefelig und trächtig von Blitzen, die dann aber erstaunlich rasch wieder abzogen und sich weiter nördlich entluden, sodass die *Annemarie* nur die abgeschwächten Ausläufer des schweren Wetters zu spüren bekam.

Erleichtert, dem Sturm entkommen zu sein, brüllte Käpt'n Petersen vom Bug des Schiffes seine Kommandos *Stürbord voraus* und *Kurs Süd-Südwest* zum Ruderhaus, wo Kai-Uwe war und das Schiff in die sternenlose Nacht steuerte. Sie erreichten den Heverstrom. Husum war nicht mehr fern. Auf Höhe der Wirtschaft „Zur Erholung" sah Kai-Uwe plötzlich die Lichter eines Schiffes, das ihnen im Eiltempo folgte.

„Vadder", schrie Kai-Uwe aufgeregt, „da ist einer, der ‚leppt' achter uns her."

Ricklef schaute sich um und wusste sofort Bescheid.

„Das ist der Wasserschutz", rief er, blieb aber entspannt und ruhig und sagte nur, was er immer in solcher Lage zu sagen pflegt:

„Laat di man Tiet, min Jung!"

Was so viel heißt wie – bleib nur ruhig und gelassen, wird alles nicht so heiß gegessen …

Nach kurzer Zeit hatte das Zollboot die *Annemarie* erreicht und richtete mehrere Scheinwerfer aufs Ruderhaus. Die Bullen, vom Licht aufgestört, brüllten in die Nacht.

„Hier spricht Kommissar Brodbeck von der Wasserpolizei", tönte es durch ein Sprachrohr.

Der Kommissar, ein Mann von mittlerer Statur, breitschultrig und ein wenig ungelenk, forderte Käpt'n Ricklef Petersen auf, zu stoppen und die Motoren abzustellen. Er kam mit zwei uniformierten Männern an Bord und musterte Kapitän und Ladung des Frachtschiffes mit argwöhnischen, fast feindseligen Blicken aus dunklen Augen, die tief unter buschigen Augenbrauen lagen und sich in Ricklefs Gedächtnis gruben.

„Warum zum Teufel ist am Heck alles dunkel?", polterte es aus Brodbeck heraus. „Sie fahren achtern mit gelöschtem Positionslicht. Was fällt Ihnen ein, Käpt'n!?"

Brodbecks Blicke und Worte trafen Ricklef wie eine Beleidigung. Eigentlich konnte ihn nichts so leicht aus der Ruhe bringen. Wenn aber Mängel an seinem Schiff festgestellt wurden, fühlte er sich wie ein Nackter unter Angekleideten und drohte auszurasten. Mängel an seinem Schiff durchzuckten ihn, als wären es seine eigenen. Für ihn war die *Annemarie* Teil seines Selbst. Ricklef wollte eine bissige Antwort geben, doch fielen ihm wie so oft, wenn ihm das Erschrecken bis zum Hals stand, nicht die richtigen Worte ein.

„Motor auskuppeln! Wir nehmen Sie in Schlepp!", schrie Brodbeck. „Müssen in Husum prüfen, ob das Schiff noch weitere Mängel hat."

Käpt'n Petersen schwieg. Vor seinen Augen tanzten Funken. Seine Ohren sausten. Er spürte, dass sich in ihm ein mentales Gewitter zusammenbraute. Ich darf nicht nachgeben, muss ruhig bleiben, ermahnte er sich. Der Kommissar wartet nur darauf, dass ich schwach werde und Nerven zeige, dachte Ricklef und schaute in den nächtlichen Himmel, als würde er dort Hilfe und Beistand suchen oder erwarten, dass die Sterne Mitleid mit ihm haben.

Kai-Uwe hatte das Steuerhaus verlassen und sich in die Kajüte zurückgezogen, um für sich und seinen Vater ein Heißgetränk zu machen, als die zwei uniformierten Männer, die den Kommissar begleiteten, plötzlich vor ihm standen.

„Suchen Sie etwas?", fragte Kai-Uwe.

„Nein, nicht unbedingt", erklärten die Männer, „wollen uns nur mal umsehen. Was dagegen?"

Kai-Uwe schwieg, verfolgte aber die Männer mit wachen Augen und beobachtete, dass sie vor einem offenen Schapp stehen blieben, in dem neben friesischem Tee und einer Flasche geele Köm noch eine Handvoll Bücher stand. Von denen schien eines ihr besonderes Interesse zu finden. Denn sie griffen es heraus und blätterten darin, als würden sie nach etwas suchen und warfen sich vielsagende Blicke zu, bevor sie wortlos die Kajüte verließen und wieder an Deck gingen.

Kai-Uwe aber hatte gesehen, als die Männer das Buch zurückstellten, dass es sich um den Roman *Das Rätsel der Sandbank* handelte, und nahm sich vor, seinen Vater nach dem Inhalt des Buches zu fragen.

Nachdem Kommissar Brodbeck Schiff und Ladung genauer inspiziert und sich Notizen gemacht hatte, gingen er und seine Männer von Bord. Auf der Treppe drehte er sich noch einmal um und rief Käpt'n Ricklef Petersen zu:

„Melden Sie sich morgen früh um acht Uhr im Zollamt zur Aufnahme des Protokolls."

Während die uniformierten Männer Beifall grinsten, schrie Käpt'n Ricklef Petersen: „Das ist nicht möglich, kann um acht Uhr noch nicht im Zollamt sein. Erst muss das Vieh von Bord und mein Schiff sauber sein. Bin auf keinen Fall vor neun da!"

Grußlos gingen die beiden auseinander und verleugneten schweigend, was der Eine vom Anderen hielt.

Während der Fahrt im Schlepp des Zollbootes nach Husum erzählte Kai-Uwe seinem Vater von dem unerwünschten Besuch der uniformierten Männer in der Kajüte und fragte ihn:

„Sag mal, Vadder, was steht eigentlich in dem Buch *Das Rätsel der Sandbank*? Es muss den beiden Schnüfflern irgendwie verdächtig vorgekommen sein!"

Käpt'n Ricklef Petersen, wieder ein wenig zur Ruhe gekommen, griff nach dem Getränk, das ihm sein

Sohn bereitgestellt hatte, klopfte dann seine Pfeife aus und sagte, während er sich eine andere stopfte:

„Ach, weißt du, Jung, das ist so'ne Spionagegeschichte."

„Spionagegeschichte?" Kai-Uwe machte große Augen.

„Ja, gut ausgedacht und spannend erzählt", meinte der Vater.

„Manche haben das Spionageabenteuer für bare Münze gehalten, weil der Autor, ein Ire, Robert Erskine Childers heißt er, so um neunzehnhundert eine Fahrt durch das deutsche Wattenmeer gemacht hatte, um es zu kartografieren und einen Krieg mit dem deutschen Reich prophezeite, weißt du, so was wie 'ne See-Invasion von Truppen an der britischen Küste."

„Hört sich aufregend an, Vadder", sagte Kai-Uwe.

„Ist es auch …

Eigentlich fängt im Roman alles ganz harmlos an. Da wird ein junger Engländer im Spätsommer neunzehnhundertzwei von seinem ehemaligen Studien-Kollegen auf eine Yacht zur Entenjagd in der deutschen Ostsee eingeladen. Statt der erwarteten Luxusjacht mit Personal entpuppt sich das Schiff als kleines Boot, das nur von den beiden jungen Männern gesegelt wird, die den Auftrag haben, für die britische Admiralität Karten vom Wattenmeer der Nordsee zu erstellen. Zu einem Spionagefall wird die Geschichte, als die beiden Segler einem Invasionsplan des deutschen Militärs auf die Spur kommen. Natürlich gehören auch Verrat und eine kernige Liebesgeschichte dazu …

Aber was erzähl ich dir das alles, Junge?!

Nimm doch den Roman mit und lies darin, wenn wir im Zollamt sind und ich mit dem Beamten spreche …

Was hältst du davon, Kai-Uwe?"

18. Im Hauptzollamt

Als das Zollboot mit der *Annemarie* im Schlepp in den Husumer Außenhafen einlief und Käpt'n Petersen sein Frachtschiff an der Viehrampe festmachte, lagerte noch die Nacht in der Stadt. Und so suchten Vater und Sohn ihre Kojen auf, um Ruhe und Entspannung zu finden. Während sich Kai-Uwe in seiner Koje unruhig hin und her wälzte und keinen Schlaf fand, war Ricklef schnell eingeschlafen und in eine Flut von Traumbildern eingetaucht. Als er aufwachte, empfing ihn ein Morgen, der grau und nebelig begann. Viehhändler Tade Tadsen, dem Käpt'n Ricklef Petersen über Funk sein nächtliches Missgeschick mitgeteilt hatte, war eingetroffen, um das Vieh in Empfang zu nehmen und weiter zum Husumer Viehmarkt zu bringen.

Das Morgengrauen war einem breiten, flockig bewölkten Morgenrot gewichen, als Ricklef mit Kai-Uwe zum Hauptzollamt aufbrach, wohin ihn der Kommissar zur Aufnahme des Protokolls bestellt hatte. Während der Außenhafen längst zur Arbeit erwacht war, hielten die Gassen der Stadt noch ihren Lärm zurück. Nur vereinzelt hörte Ricklef ein Fuhrwerk über das Pflaster poltern; und von weiter her drang das erregte Kreischen von Möwen an sein Ohr. Als er den Kopf hob und in den Morgenhimmel sah, konnte er beobachten, wie unter dem rötlichen Schleier des jungen Augusttages unzählige Möwen landeinwärts flogen.

„Wird wohl noch Regen geben und Sturm", raunte er seinem Sohn zu, der sich an seiner Seite - die schlaflose Nacht noch in den Gliedern - nur schleppend voran bewegte.

„Wieso meinst du das, Vadder? fragte Kai-Uwe und wandte sich seinem Vater zu. „Hast du, bevor wir von Bord gingen, noch aufs Wetterglas geguckt?"

„Nein, hab' ich nicht", entgegnete der Vater, „gibt aber deutliche Anzeichen für eine Wetteränderung."

„*Anzeichen* sagst du?"

„Ja, sieh dir den Himmel an."

Als Kai-Uwe in den Morgenhimmel schaute, legte er seine Hand an die Stirn, um seine schlaflos gebliebenen Augen vor dem Licht der Frühe zu schützen, und er hörte seinen Vater sagen:

„Wenn der Tag mit einem ungewöhnlich hoch aufsteigenden und ausgedehnten Morgenrot beginnt, wie wir's heute haben, ist das ein Zeichen, dass sich das Wetter verschlechtert.

Und siehst du die Möwen?"

„Ja, die fliegen alle landeinwärts", sagte Kai-Uwe.

„Fliegen die Möwen in Scharen landeinwärts, ist mit Sturm zu rechnen, vor dem sich die Vögel rechtzeitig in Sicherheit bringen", erklärte Ricklef.

Schweigend gingen Vater und Sohn zusammen und gelangten vom Außenhafen über Ziehbrücke und Bahn zum Binnenhafen, wo einige Ausflugsschiffe lagen. An der *Zingel-Schleuse* blieb Ricklef einen Augenblick stehen und betrachtete das Wappen des dänischen Königs Frederik VII., bevor sie weitergingen. Als sie dem Binnenhafen den Rücken kehrten und in die *Wasserreihe* einbogen, fing es zu regnen an. Morgendliche Stille ging vom Geräusch des Regens aus und verbreitete sich in der engen Gasse, in der sich die grauen Giebelhäuser unter einen dunklen Himmel duckten. Da das Frühstück an Bord der *Annemarie* schon lange zurück lag, versorgten sich Vater und Sohn in einer Traditionsbäckerei mit Rosinenbrötchen, die sie auf dem Wege verzehrten. Vorbei ging es am einstigen Wohnhaus des Dichters, der die Halligen einmal, ganz nach Ricklefs Geschmack, *Schwimmende Träume* genannt hatte und dessen Novelle über den *Schimmelreiter* er von Jugend an kannte und liebte. Am Ende der Straße erreichten die beiden durchnässt und matt in den Knien das 1929 neu erbaute Hauptzollamt an der Kleikuhle, an dessen Fassade eine Hakenkreuzfahne hing.

Ricklef blieb einen Augenblick vor dem Gebäude stehen und fühlte in sich ein Unbehagen, auf das er keinen Einfluss hatte. Als aufkommende Winde von See ihm den Regen unangenehm ins Gesicht trieben, betrat er mit Kai-Uwe und einem entschlossenen „Leinen los!" auf den Lippen das Zollamt. Während der Sohn auf einer Bank im Erdgeschoss Platz nahm, irrte Ricklef über blitzblank gebohnerte Dielen durch die Korridore, stieg die Treppe hinauf in den oberen Flur, wo er das Zimmer des Beamten fand, der für die Protokollaufnahme zuständig war, klopfte an und trat ein.

Ein Mann in blütenweißem Hemd mit tadellosem Binder saß an einem Schreibtisch, auf dem sich hinter dem Emblem seiner Partei, seines Dienstes und seiner Bestimmung zahlreiche Akten stapelten. Er hatte ein rundliches Gesicht, eine hohe Stirn und eine blasse Nase. Die dunklen Haare, stramm nach hinten gebürstet, seine schmalen Lippen und eng beieinanderstehenden Augen verliehen seinem Gesicht einen strengen Ausdruck.

Mit einer lässigen Handbewegung wies der Zollbeamte auf einen Stuhl, wo Ricklef Platz nehmen sollte, ließ ihn dann aber minutenlang warten, bevor er mit der Aufnahme des Protokolls begann und mit verächtlicher Aufmerksamkeit Formalitäten abfragte. Käpt'n Ricklef Petersen, der während der Befragung immer bloß *Ja* und *Nein* sagte, war nicht entgangen, dass ein seltsames, befremdliches Lächeln die dünnen Lippen des Beamten umspielte, die einen eisigen Ausdruck annahmen, als er anfing, mit verhaltener Stimme zu toben:

„Jetzt frage ich Sie, Kapitän Ricklef Petersen, wie zum Donnerwetter konnten Sie sich erlauben, ohne funktionierendes Positionslicht auf See zu sein? Wir dulden keine Fehler, nicht bei anderen und nicht bei uns selbst. Wo bleibt bei einem Mann wie Ihnen, der es besser wissen müsste, die Ordnung, die Korrektheit, der Schliff? Auf einem deutschen Schiff muss alles funktionieren und tipptopp in Ordnung sein. Alles! Verstehn Sie? Bis ins Letzte. Ordnung ist oberstes Gebot. Ist Ihnen das klar? Auf gerades, korrektes Verhalten legen wir größten Wert!"

Ricklef schwieg. Er zog die Augenbrauen zusammen, blickte nach unten aufs Parkett, das ihn an ein Schachbrett erinnerte, und durchlitt ein Gefühl, als habe ihm jemand Schach geboten. Eine beklemmende Stille durchzog den Raum, in dem nur das gleichmäßige Ticken einer Standuhr zu hören war und aus dem Nebenzimmer das metallische Klappern einer Schreibmaschine, deren monotones Geräusch im Raum des Zollbeamten jedoch etwas Menschliches hatte.

Der Kapitän der *Annemarie* war sich unsicher, ob er dem Beamten des Zollamts etwas antworten sollte. Doch wollte ihm nichts einfallen, jedenfalls nichts Zusammenhängendes. Nur Fetzen gab es, nur Bruchstücke von Gedanken, die in seinem Kopf herumschwirrten, und die er mehr zu sich selbst als zum Beamten sprach und mehr stammelnd als glatt hervorbrachte. Ricklef, der Mühe hatte, seine Gefühle unter Kontrolle zu behalten, wusste nicht, ob der Beamte ihn überhaupt gehört, geschweige denn verstanden hat. „Vielleicht habe ich ihm meine Gedanken nur zugeschwiegen", dachte er. Denn der Mann am Schreibtisch machte eine Geste, als wollte er Ricklef aus seinem Blickfeld wischen und hatte nur ein spöttisches, mitleidiges Lächeln für ihn übrig.

Und so blieb Ricklef still, während der Beamte weitersprach und fragte:

„Wissen Sie auch, wozu Sie verdonnert werden können?"

„Wie soll ich das wissen", erwiderte Käpt'n Petersen.

„Ja, verurteilt können Sie werden zu zehntausend Mark Geldstrafe."

Bemüht, seine Erregung zu verstecken, sagte Käpt'n Ricklef Petersen in ironischer Tonlage mit einem Lächeln:

„Zehntausend Mark? Hab' ich noch nie gesehen. Dann muss ich *die* wohl absitzen. Hab dann wenigstens Brot die Zeit!"

„Der Spaß wird Ihnen noch vergehen, wenn Sie auf dem Amtsgericht Ihr Urteil hören", erwiderte unwirsch der Beamte.

Käpt'n Petersen holte tief Luft und musste sich nach einigen Atemzügen eingestehen, dass ihn eine schreckliche von der Brust bis zu den Knien lähmende Angst umtrieb, ja, eine Welle von Panik überspülte. Was, fragte er sich – was, wenn Leute vom Schlage dieses Beamten sein Schiff beschlagnahmen und ihm die Lizenz entziehen, dass er nicht mehr zur See fahren kann? Was dann?

Ricklefs Kopf fing an, wie eine Uhr zu ticken. Seine Augen flackerten, als wären es Kerzenlichter. Und es lief ihm kalt und heiß über den Rücken, als der Beamte, der Ricklefs innere Erregung wahrgenommen hatte, in einem sachlich nüchternen Ton erklärte:

„Die Staatsanwaltschaft wird gegen Sie Anklage erheben. Die wird Ihnen schriftlich zugeschickt. Dauert wahrscheinlich zwei Tage. Wenn Sie dann Ihren Termin für die Verhandlung haben, gehen Sie zum Amtsgericht – – –

Sie wissen, Käpt'n, wo das ist?"

„Wie soll ich das wissen?", erwiderte Ricklef. „Hab' noch nie mit einem Amtsgericht was zu tun gehabt."

„Also – Sie gehen in die Theodor-Storm-Straße – großes Gebäude – Nummer fünf. Dort müssen Sie erscheinen, da ist die Verhandlung", erläuterte der Beamte und fügte scharfzüngig hinzu, wobei sein Gesicht wieder einen feindseligen Ausdruck annahm:

„Da werden Sie verdonnert werden. Vom Amtsrichter kriegen Sie Bescheid."

Als Käpt'n Petersen mit seinem Sohn das Hauptzollamt verließ, hatten seine Augen den Blick eines geprügelten Hundes. Er spürte in sich eine Hitze, die sich wie ein Kleidungsstück anfühlte, das man schnell ablegen möchte. Für ihn war klar, würde er verurteilt und vorbestraft sein, wären seine Fahrten durch das Wattenmeer schwer belastet. Er hätte dann mit der Verantwortung für die Schiffsladung noch die Bürde eines schweren Herzens und Gewissens. Ricklef warf seinen Kopf in den Nacken, um ein Stückchen Himmel über den Dächern der *Wasserreihe* sehen zu können.

Der Regen war abgezogen und hatte einen Hauch Frische zurückgelassen. Wieder im Freien verlangte Käpt'n Petersen nach dem Geschmack des blauen Dunstes in Mund und Nase. Er stopfte sich eine Pfeife und entzündete sie in dem Gefühl, die selbstverständliche Vertrautheit mit dem eigenen Wollen verloren zu haben. Seine hellbraunen, an Bernstein erinnernden Augen unter buschigen Augenbrauen blickten erregt und gereizt. Als Kai-Uwe wissen wollte, wie's gelaufen sei und seinen Vater fragend anschaute, sagte der nur:

„Mein Lufthunger, Jung, nach diesem Besuch im Zollamt ist unersättlich, und das kann ich dir sagen", lachte Ricklef zornig, „Beamte vom Schlage des Mannes im Zollamt sind die ungenießbarsten Fische, die mir auf trocknem Boden begegnet sind."

19. Ein Mensch

Vater und Sohn nutzten die zwei Tage bis zur Verhandlung, um einige Arbeiten auf der *Annemarie* zu erledigen, bevor sie sich am dritten Tag in banger

Erwartung auf den Weg zum Amtsgericht begaben. Während die beiden mit unsicheren Schritten wortlos die *Hohle Gasse* entlanggingen und dann in die *Großstraße* einbogen, die zum Marktplatz führt, durchlief Ricklef auf der Suche nach Ruhe und innerem Gleichgewicht mit nervösen Schritten die Korridore seiner Gedanken und Erinnerungen, um sich seiner selbst zu vergewissern und für die Begegnung mit Staatsanwalt und Amtsrichter gewappnet zu sein. Als er zum Schlossgarten, der grünen Lunge Husums, kam und vor seinem geistigen Auge das Frühlingslila der Krokusblüte sah, die im Monat März die Stadt verzaubert, und an den Mann dachte, der einst als Amtsrichter im Schloss vor Husum tätig war und als Dichter diesen Ort zum Schauplatz einer Liebesgeschichte gemacht hatte – da schlug ihm plötzlich sein Herz, als könnte es sprechen. Und inmitten seiner Gedanken und Erinnerungen hörte er Worte, leise wie das Wispern des Windes:

Es ist oft so, dass nicht die Menschen sich begegnen, sondern nur die Schatten, die ihre Vorstellungen werfen … Und steht die Sonne tief, werfen auch Zwerge lange Schatten … Sei geborgen in etwas, das größer ist als der Mensch und dein Dunkel wird sein wie der helle Mittag.

Käpt'n Ricklef Petersen wusste nicht, ob er verstanden hatte, was ihm die Stimme zuraunte, die er in seinem Innern zu hören glaubte, aber als er mit Kai-Uwe am Torhaus vorbei den Schlossgarten durchwandert hatte und vor dem Amtsgericht in der Theodor-Storm-Straße stand, da durchwehte ihn eine Leichtigkeit, wie er sie den ganzen Tag noch nicht verspürt hatte. Still betrachtete er das Sandsteinportal am Eingang des Amtsgerichts, sah die Waage und das Frauengesicht der Justitia mit der Binde vor den Augen als Zeichen der Rechtsprechung ohne Ansehen der Person und war erstaunt über die Kraft, die seinen Körper durchströmte.

Ricklef und Kai-Uwe betraten das Gebäude, gingen einige Stufen hinauf zum Erdgeschoss, vorbei an einer alten Sandsteinsäule, die Vater und Sohn wachen Auges abtasteten, ehe sie das Rund einer Treppe in den oberen Flur brachte, wo sie den Saal fanden, der für die Verhandlung vorgesehen war. Dort empfing sie in dunkler Robe ein mittelgroßer Mann mit schneeweißem Haar, einem geschwungenen Schnurrbart und lebhaften Augen hinter einer randlosen Brille und begrüßte sie freundlich.

„Sie sind Kapitän Petersen, richtig? Habe Sie erwartet. Olav Boyens ist mein Name, bin Amtsrichter, Nachfolger eines gewissen Theodor Storm, dessen Bild Sie hinter mir sehen … naja, Sie wissen schon."

Ricklef, überrascht, so freundlich begrüßt zu werden, betrachtete den Amtsrichter mit einem schweigenden Lächeln, stellte dann Kai-Uwe vor und fragte, ob sein Sohn mit dabei sein kann.

„Nichts dagegen", sagte er. „Kommen Sie und nehmen Sie Platz."

Als die Verhandlung begann und der Staatsanwalt die Anklageschrift verlas, blätterte Amtsrichter Boyens einige Augenblicke in verschiedenen Papieren. Dabei hatte sich sein Gesicht verdunkelt und einen besorgten Ausdruck angenommen. Offensichtlich sah er am Horizont für den Hooger Kapitän eine Gefahr heraufdämmern, die er mit seinen Mitteln zu beseitigen wünschte. Denn stirnrunzelnd und leise vor sich hin fluchend, dass die Halligwelt gewiss kein Ort für politische Hitzköpfe sei, und überzeugt, dass eine Gesellschaft, will sie menschlich sein, auch Schwächen und Fehler zulassen müsse, schob er die Papiere beiseite und wandte sich Ricklef zu mit den Worten:

„Sie, Käpt'n Petersen, haben gehört, wessen Sie beschuldigt werden und bewusst auf einen Verteidiger verzichtet, weil Sie sich selbst verteidigen wollen. Ein mutiger Schritt, der Respekt verdient. Um den Hintergrund der Anklage auszuleuchten, frage ich Sie: Das ist doch ein karges Leben auf der Hallig. Soviel ich weiß, ist der Alltag jenseits des Festlandes nicht leicht zu bewältigen - oder?"

„Ja, das reicht man gerade so zum Leben", erwiderte Ricklef und erzählte, wie das war, als er vor Kurzem mit seiner *Annemarie* Kuhdung von Hooge nach Amrum fuhr, der auf der Insel für den Ackerbau gebraucht wurde.

„Das waren keine Ditten, sondern richtiger nasser Kuhdung", erklärte Käpt'n Petersen, „mit der Karre ins Schiff gebracht und dann mit der Forke alles wieder ausgeladen." Und dafür habe er nur fünfundzwanzig Mark bekommen. Das sei alles gewesen.

„Sauer verdientes Brot", bestätigte der Amtsrichter, aus dessen Augen Verständnis funkelte.

„Und was uns Halligleuten übel mitspielen kann, ist natürlich das Wetter", fuhr Ricklef fort. „Wenn wir auf See von einem Sturm überrascht werden und unsere Ladung wird beschädigt oder geht über Bord, müssen wir mit schlimmen Folgen rechnen. In der Küstenschifffahrt kann eine länger anhaltende stürmische

Wetterlage ein ganzes Geschäftsjahr ruinieren. Die zahlreichen, alljährlich über der Nordsee niedergehenden Unwetter sind auf jeder Fahrt ein unberechenbares Risiko für Fracht, Schiff und Besatzung."

Käpt'n Ricklef Petersen hielt inne und richtete erwartungsvolle Blicke auf den Amtsrichter, der mit großen Augen zugehört hatte und überzeugt war, mit dem Mann von der Hallig eine ehrliche Haut vor sich zu haben. Dann hörte Ricklef ihn sagen:

„Wie leicht doch in der Halligwelt Alltägliches zum Außerordentlichen werden kann und Gewohntes zum Unberechenbaren. Die kleine schwimmende Welt jenseits des Festlandes bedarf des Schutzes, ja, sie verdient unsere Unterstützung. Zum Leben, wie Sie, Käpt'n Petersen, es im Wattenmeer ganz offensichtlich erfahren, gehört das Harte, Unbequeme, oft aus Widerständen Erkämpfte. Wer so den Gewalten der Natur ausgeliefert ist, wie Sie es sind, muss der nicht um etwas wissen, das größer ist als der Mensch, auch größer als die Naturgewalten, um sich geborgen zu fühlen?"

Der Amtsrichter schwieg einen Augenblick und lächelte seinem Klienten zu, der wortlos Zustimmung nickte, aber sich im Stillen verwundert fragte, wie es komme, dass die letzten Worte des Amtsrichters wie ein Echo der Stimme waren, die er im Schlosspark auf dem Weg zum Amtsgericht gehört und die ihm Leichtigkeit und Kraft gegeben hatte.

War das nur Zufall?

Ricklef wurde aus seinen Gedanken herausgerissen, als der Amtsrichter erklärte: „Würde Ihnen, Käpt'n Petersen, gern noch weiter zuhören, aber müssen nun auch ein bisschen fürs Protokoll haben.

Ich mach Ihnen einen Vorschlag: Können Sie heute noch zwanzig Mark bezahlen?"

„Ja, das kann ich", sagte Ricklef und errötete vor Freude.

„Na wunderbar. Damit wäre dann die ganze Angelegenheit geregelt und erledigt", sagte der Amtsrichter und entließ Vater und Sohn mit dem Hinweis, in welche Stube sie zu gehen haben, um das Bußgeld zu bezahlen.

Käpt'n Ricklef Petersen fühlte sich nach dem milden Urteil von Amtsrichter Boyens mehr als erleichtert, ja, geradezu trunken vor Selbstgefühl. Auf dem Weg in den unteren Flur steckte er seine Nase ins feurige Rot der Nelke, die im Knopfloch seines Jacketts leuchtete, und genoss ihren Duft. Als er mit Kai-Uwe die Amtsstube betrat, in der die Kasse war, saß da ein entfernter Verwandter der Familie Petersen, ein gewisser Freerk Adolphsen, der mit Ricklef die Hooger Schule besucht hatte, später aber die Hallig verließ und nach Husum zog.

„Na, Ricklef", sagte der, „haben sie dich, altes Schlitzohr, zu fassen gekriegt?"

„Ja, leider", erwiderte Ricklef und gab ihm den gewünschten Geldschein.

„Na, wenn du mit zwanzig Mark davongekommen bist, hast du wohl mal wieder Glück gehabt, was?"

„Kann man so sagen", erwiderte Ricklef und verabschiedete sich von Freerk Adolphsen mit einem zufriedenen Grinsen.

Als Vater und Sohn das Amtsgericht verließen, fingen die Wolkenränder an, sich in ein vorabendliches Orange zu färben. Unbeschwert und reinen Herzens, als hätte er seine Schritte in Milch gewaschen, schlenderte Käpt'n Petersen durch Husums Straßen. Er genoss die Freiheit eines glücklichen Ausgangs, bog bald hier, bald dort ein und drehte Pirouetten, dass sich die Leute ob seines wunderlichen Verhaltens schon nach ihm umdrehten. Auf dem Markt, nah dem *Tine-Brunnen*, blieb er plötzlich stehen, hielt seinen Sohn am Arm fest und sagte:

„Kai-Uwe!"

„Was ist, Vadder?", fragte Kai-Uwe.

„Nun gehts erst mal zum Wasserschutz – du kommst mit, sollst den Spaß mithaben."

Wenige Minuten später erreichten Vater und Sohn das Zollboot, wo Kommissar Brodbeck an Deck Vorbereitungen traf, um wieder auszulaufen. Als er Käpt'n Petersen auf das Zollboot zukommen sah, rief er ihm zu:

„Na Käpt'n, wie ist es ausgegangen?"

„Großartig", erwiderte Ricklef und lachte.

„Großartig? Was heißt großartig? Wollen Sie mich vergackeiern, Petersen?", fragte der Kommissar irritiert.

„Ach was, ganz und gar nicht", sagte Ricklef. „Bin mit zwanzig Mark Geldstrafe freigekommen."

„Kann gar nich' angehen. Wie das?", fragte Brodbeck, der das Zollboot verlassen und sich zu den beiden Hoogern auf den Hafendamm begeben hatte. Ungläubig schüttelte er den Kopf und hörte dann ein Wort, das ihm unter die Haut ging und sein Gesicht mit einer flammenden Röte überzog:

„Ja, der Amtsrichter, das war noch ein MENSCH!", sagte Ricklef und sprach das Wort *Mensch* so gedehnt aus, dass man zwischen den Buchstaben die Weite und die Freiheit und die Menschlichkeit zu hören glaubte, die er im Amtsgericht erfahren hatte.

Fünftes Kapitel

20. Lili Marleen

„Die Luft riecht nach Tang und Salz und schon wieder nach einem Luftangriff", sagte Anni, als sie am späten Abend eines lauen Augusttages im Kriegsjahr vierundvierzig am offenen Küchenfenster stand, übers Watt sah und den fernen Geschützdonner der Flak auf Amrum hörte.

„Ja, das nordfriesische Wattenmeer wird immer öfter überflogen", bestätigte Ricklef, der sich nach einem anstrengenden Tag auf See zu erholen suchte und dabei war, seine Pfeife zu reinigen und eine andere aus einem Beutel zu holen, den er immer bei sich trug, um sie mit süßem Tabak zu füllen. Es habe mit der Landung der Alliierten in der Normandie zu tun, erklärte er. Seitdem hätten die Angriffe der britischen Geschwader auf deutsche Städte spürbar zugenommen.

„Dass unsere Städte immer öfter bombardiert werden und die Alliierten, wie's aussieht, an allen Fronten vorrücken, sagen die Zeitungen nicht", sagte Anni stirnrunzelnd in einem bitter ironischen Ton und schloss das Fenster.

„So ist es, Anni, ich weiß. Sie drucken ja auch nicht mehr alle Todesanzeigen der Gefallenen. Der Krieg ist die Stunde der Propaganda, die Wahrheit bleibt auf der Strecke", sagte Ricklef und begab sich in den Pesel, um dort seine Pfeife anzustecken und ihren süß vibrierenden Dunst zu genießen, während Anni sich vors Radio setzte, einem Volksempfänger, der verdeckt in einem Eckschapp stand.

Seit längerem hörte sie am Abend die Nachrichten auf BBC und ein Lied, das – einmal vom Soldatensender Belgrad verbreitet – an allen Fronten in Europa und Nordafrika zwischen Narvik und Kairo zu hören war – *Lili Marleen*. Anni mochte das herbe Timbre der Stimme, mit der Lale Andersen das Lied sang. Beliebt bei Freund und Feind wurde es in viele Sprachen übersetzt und vermochte, wo es erklang, die Waffen für Augenblicke zum Schweigen zu bringen. Text und Melodie boten den Soldaten Stimmung und Projektionsfläche, sich ihren Angehörigen daheim nahe zu fühlen.

Für die Petersens war das Lied ein Stück Menschlichkeit im unmenschlichen Krieg. Es bekam für sie noch besondere Bedeutung, weil es eine emotionale Verbindung zu Kai-Uwe herzustellen vermochte, der vor drei Monaten eingezogen und an die Westfront versetzt worden war und von dem sie seither kein Lebenszeichen bekommen haben. Anni wurde das Lied so vertraut, dass sie es bald auswendig konnte und immer wieder mal leise summte, mal laut vor sich hinsang:

Vor der Kaserne, vor dem großen Tor,
Stand eine Laterne – und steht sie noch davor,
So woll'n wir uns da wiedersehn,
Bei der Laterne woll'n wir stehn
Wie einst Lili Marleen,
Wie einst Lili Marleen.

Kurz vor Mitternacht desselben Tages klingelte bei den Petersens das Telefon. „Kommissar Brodbeck hier. Sprech ich mit Käpt'n Petersen?"

„Am Apparat. Was gibt's Dringliches, dass Sie so spät noch anrufen und mich aus dem Bett holen?", sagte Ricklef in gereiztem Ton.

„Petersen, sagen Sie mal, wo ist eigentlich unser Außendienst?"

„Der ist draußen bei der Westerwarft", sagte Ricklef.

„Hat der nichts gesehen? Ein englischer Flieger soll im Watt vor Hooge runtergekommen sein."

„Ich weiß nur, dass der alte Ingwersen Außenwache hat."

„Dann hat der wohl nichts gemerkt. Sie müssen raus, Petersen, und nachsehen. Muss sein. Sicherheitshalber. Verstehn Sie?"

„Nun ja, Kommissar, wenn Sie meinen", erwiderte Ricklef zähneknirschend und legte auf.

Wenig später verließ er im Watanzug seine Kate auf Backenswarft, ging zum Anleger und suchte mit einem Feldstecher den Horizont ab. Im Norden sah er unter einem eingetrübten Himmel die Warften von Langeneß friedlich daliegen. Sehen aus wie eigenwillig geformte Nester, wie Storms *Schwimmende Träume,* die von einem Krieg nichts wissen, dachte Ricklef und lenkte sein Augenmerk in östliche Richtung, wo ihm nach einer Weile in der weiten Fläche von Sandshörn die Konturen einer Erhebung auffielen.

Das könnten Tragflächen eines Flugzeugs sein, die aus dem flachen Wasser im Watt ragen, mutmaßte er und wollte schon zurück zur Backenswarft, um

Kommissar Brodbeck seine Beobachtung mitzuteilen, besann sich aber und blieb, wo er war, weil er plötzlich einen Lichtschein sah. Als *der* wenig später wieder verschwand und Ricklef schon glaubte, er habe sich getäuscht oder geträumt, erschien der Lichtschein abermals und länger als das erste Mal. Und mit ihm ein Leuchten wie von weit her, dass ihm der Atem stockte und er, von Neugier und Abenteuerlust getrieben, nicht anders konnte, als sich auf den Weg zu machen, um nachzusehen, was es mit dem Licht auf sich hat.

Ricklef wusste, dass ihm nach dem Tidenkalender nur noch drei Stunden blieben, bis die Flut einsetzt und die Wasser kommen. Der mitternächtliche Gang war also nicht ungefährlich, zumal es nicht einfach ist, im Watt Entfernungen richtig einzuschätzen. Er überlegte einen Augenblick, ob er erst zurück zur Backenswarft und sich einen Helfer holen sollte, verwarf aber den Gedanken sofort wieder, weil er einem Sicherheitsdenken entsprang, das ihm fremd war. Er liebte das Risiko und hatte gelernt, Gefahren nüchtern einzuschätzen. Überdies vertraute er seiner Erfahrung und nicht zuletzt dem *Engel der Wasser*, den er, wo immer er war, an seiner Seite wusste.

Und so ging Käpt'n Ricklef Petersen ins nächtliche Watt, das ferne Leuchten vor Augen, und fand nach einer knappen Stunde die Absturzstelle eines britischen Jagdflugzeugs, aber zu seiner großen Überraschung kein Licht. Verwundert suchte er das Dunkel zu durchdringen, das ihn umgab, als er die Umrisse einer Gestalt wahrnahm. Ricklefs Herz pochte. Er spürte seinen Herzschlag und spürte den Wind, der plötzlich aufgekommen war und den verhangenen

Himmel freiblies. In der Ferne war erneut das dumpfe Donnern der Flak zu hören und das Dröhnen einer zweiten Welle britischer Bomber, die das Wattenmeer überflogen. Dann folgte eine betäubende Stille, die ein jähes Ende fand, als ihm eine Stimme in fließendem und akzentfreiem Deutsch zurief:

„Sie riskieren viel. Sind Sie so mutig? Ich hätte Sie erschießen können, wollte ich unentdeckt bleiben."

Käpt'n Petersen sah eine Pistole auf sich gerichtet und erkannte in fahlem Mondlicht einen jungen Mann mit blassem Gesicht unter vollem, schwarzem Haar, das matt zu glänzen schien. Er trug eine braune Lederjacke über einem Rollkragenpullover und musterte seinen nächtlichen Besucher mit Blicken, aus denen Unerschrockenheit und Entschlossenheit sprachen. Ricklef war überrascht, bei dem Piloten eine ausgebreitete Seekarte zu sehen. Sieht aus, als habe er nach etwas gesucht, dachte er und fragte, unbeeindruckt von der Drohgebärde des Mannes, in ruhigem Ton:

„Sind Sie verletzt?"

„Ich bin okay", sagte der Mann.

„Sie wissen, dass Sie hier nicht bleiben können. Das ist keine Küste. Sie sind im nordfriesischen Wattenmeer. In knapp zwei Stunden setzt die Flut ein."

„Ich weiß, dass ich im Gezeitenmeer bin", sagte der Fremde, für den Ricklefs unerschrockenes Auftreten offensichtlich etwas Entwaffnendes hatte, denn er ließ langsam seine Hand sinken, in der er die Pistole hielt, steckte sie in die Jackentasche und meinte:

„Frage mich nur, ob ich hier weit weg bin von Süderoog? Ich suchte danach auf meiner Seekarte. Auf

Süderoogsand gibt es eine Rettungsbake. Das weiß ich."

„Sie sprechen ein verdammt gutes Deutsch. Wo haben Sie das gelernt? Und wie in aller Welt kommen Sie auf Süderoog und kennen die Rettungsbake auf Süderoogsand?"

„Das ist eine lange Geschichte; die reicht in meine Kindheit zurück, als ich –." Ricklef unterbrach ihn.

„Ich darf Sie nicht im Watt zurücklassen", erklärte er mit fester Stimme. „Ihr Absturz wurde schon bemerkt. Sie müssen mit mir kommen. Wenn Sie mögen, erzählen Sie mir auf dem Wege von sich."

Auf dem Rückweg zur Hallig erfuhr Ricklef, dass der junge Pilot Jelle David Goldhagen heißt und jüdische Eltern hat, die aus Hamburg stammten, jetzt aber in Stockholm wohnten. Mit ihnen hatte er in den dreißiger Jahren, da es für Juden immer schwieriger wurde, in Nazi-Deutschland zu leben und zu überleben, Hamburg verlassen und war nach Schweden emigriert, während seine Großeltern in Deutschland geblieben waren. Als bald nach Kriegsbeginn zunächst nur alarmierende Gerüchte, später aber die verstörenden Nachrichten aus Deutschland über die Konzentrationslager Bergen-Belsen, Dachau und Auschwitz, den Rassismus und den Mord an Juden und anderen Minderheiten kamen und sie keine Post mehr von den Großeltern erhielten und das Schlimmste befürchten mussten, hatte er sich entschlossen, nach England zur Royal Air Force zu gehen, um als Pilot gegen das Deutschland der Nationalsozialisten zu kämpfen.

21. Vorwärts mit frischer Brise

Was Käpt'n Petersen von dem abgestürzten Piloten gehört hatte, stellte ihn vor die Frage, ob er den Mann nach allem, was er jetzt wusste, der Küstenwache ausliefern dürfe. Wäre das nicht sein Tod, sein sicheres Ende? Er musste eine Entscheidung treffen, das war ihm klar. Aber was tun? Ihn ans Festland schicken und den Behörden überlassen? Oder ihn verstecken? Und was sollte er Brodbeck sagen, dem er Meldung machen musste? Eine flammende Unruhe überfiel ihn. Als der Pilot ihm auf die Hallig folgte, hatte Käpt'n Petersen das beklemmende Gefühl, etwas ganz und gar Verbotenes zu tun, aber es dennoch tun zu müssen.

Zurück auf Backenswarft besprach er sich mit Anni. Doch sie, so erleichtert sie war, Ricklef wohlbehalten wieder daheim zu haben, schien mehr als überrascht, ja richtig verärgert über sein nächtliches Abenteuer. Sie tadelte seinen Leichtsinn, ohne Begleiter ins Watt gegangen zu sein und sich in große Gefahr begeben zu haben.

„Du konntest doch unmöglich abschätzen, was alles da draußen mit dir hätte geschehen können, Ricklef", sagte sie mit hochrotem Kopf.

„Ich versteh ja, Anni, dass du besorgt warst, weil ich so lange weg war. Nenn mich meinetwegen Bruder Leichtfuß. Aber Merkwürdiges widerfuhr mir im Watt. Ich sah einen Lichtschein an der Absturzstelle, von dem ein so intensives Leuchten ausging, dass ich mich gedrängt fühlte, gleich loszugehen. Ich weiß selbst nicht, was es war. Aber ich musste gehen. Glaub mir, ich konnte nicht anders. Und Angst hatte ich nicht da draußen. Doch etwas berührte mich seltsam … Als ich an die Absturzstelle kam, fand ich gar kein Licht … Es war weg, einfach verschwunden, als wäre es nie da gewesen. Was mich stattdessen dort empfing und ergriff, war eine Stille … eine betäubende Stille und aus ihr kam die Stimme des Piloten."

Ricklef wiederholte die letzten Worte langsam und fast so leise, als hätte er sie nur zu sich selbst gesprochen, holte mehrfach tief Atem und sagte dann: „Jetzt, Anni, wo wir darüber sprechen, kommt mir der Gedanke, ob nicht vielleicht die Stille so etwas war wie ein Riss in der Luft, von dem das Licht ausging, das ich in der Ferne und auf dem Wege gesehen habe … Das jedenfalls wird mir jetzt deutlich, ob es nun ein Leuchten der Stille war oder etwas anderes – der Lichtschein sollte mich zu diesem Fremden bringen, weil er uns braucht, Anni … Ja, weil er uns braucht", wiederholte Ricklef so nachdrücklich, als wäre nunmehr jeder Zweifel ausgeräumt.

Er hielt inne und sah Anni erwartungsvoll an. Als sie schwieg und er Gelegenheit bekam, ihr alles zu erzählen, was ihm der junge Pilot über sich und seine Familie gesagt hatte, da war Annis Ärger verflogen.

„Du hast wohl recht", sagte sie. „Er muss untertauchen … Wir müssen ihn verstecken … Wo ist er jetzt? Wohin hast du ihn gebracht?"

„Hab ihn in die Kajüte der *Annemarie* gebracht und gebeten, sich still zu verhalten, bis ich wieder da bin … Aber wie? Weißt du, wo wir ihn unterbringen können und er sicher ist?"

„Wir könnten ihm fürs Erste das Zimmer von Kai-Uwe geben, das ja nicht belegt ist. Was meinst du?"

„Bin sehr einverstanden. Aber kann er hier auf der Warft unentdeckt bleiben? Nicht alle auf Hooge denken so wie wir, Anni, das weißt du doch. Habe da noch eine Idee. Aber dazu später mehr! ... Jetzt ist höchste Zeit, dass ich mich bei Brodbeck melde."

Ricklef ging ans Telefon und teilte dem Kommissar mit, dass er auf der Sandbank von Sandshörn ein abgestürztes Jagdflugzeug gefunden habe, aber keine Spur von dem Piloten.

„Dann kann der nur mit dem Schlauchboot weg sein und ist vielleicht schon auf Pellworm", mutmaßte Brodbeck. Er werde zur Absturzstelle ein Aufräumkommando schicken. Vielleicht sei das Flugzeug noch zu gebrauchen. „Ist vermutlich eine britische Spitfire, Petersen. Die könnte dann ja noch einmal mit einem Hakenkreuz in den Himmel aufsteigen", meinte der Kommissar und ließ ein zornig-höhnisches Lachen hören. Als Ricklef ihn fragte, ob es jetzt noch etwas für ihn zu tun gäbe, sagte der nur, er solle ihm noch einen Bericht schicken und die Augen aufhalten.

Eine dämmrige Helligkeit flutete vor Hooge das Wattenmeer, das trockengefallen war und grau und leer dalag, als Anni und Ricklef mit Jelle David Goldhagen in der Küche ihrer Kate auf Backenswarft frühstückten. Sie konnten nur schwer seinen Blicken standhalten, aus denen die Angst und der Schmerz eines Verfolgten sprach, und saßen lange wortlos beisammen. Eine fremdartige Stille füllte den Raum, bis Ricklef das Schweigen durchbrach und ihn fragte, was es denn mit Süderoog auf sich habe, der südlich vom Rummelloch gelegenen Hallig.

Der Pilot, der sich mühte, seine Beklommenheit abzulegen und seine wild durcheinanderspringenden Gedanken zu sammeln, erhob sich, durchschritt die Küche und setzte sich wieder, ließ sich dann von Anni einen Kaffee einschenken und begann zu erzählen:

Als er in England in seine Spitfire stieg, habe ihn nur der Wunsch beseelt, als Pilot der Alliierten dazu beizutragen, dem Wahnsinn eines Mannes Einhalt zu gebieten, der die Welt mit einem Krieg überzogen hatte.

„Nie hätte ich gedacht", sagte er, „dass es ein Flug in die Vergangenheit werden könnte und ich an den Ort komme, wo ich unvergessene Tage meiner Kindheit verbracht habe. Als Jugendlicher bin ich mehrfach im Ferienlager auf Süderoog gewesen. Es war eine unbeschwerte Zeit. Vom Leiter des Jugendlagers fühlte ich mich angenommen. Bei ihm war jeder willkommen.

Zu uns Jungs, die wir aus verschiedenen Ländern kamen, war er wie ein Vater … Es war oft erheiternd, die verschiedenen Sprachen zu hören und zu sehen, wie wir uns mühten, einander näher zu kommen, während wir miteinander im Heu arbeiteten und am Ufer Holz sammelten und Steine, die wir bemalten und beschrieben, oder Spiele spielten, badeten und abends in Gruppen sangen … Alles geschah unter Hermann Paulsens Leitung … Wir spürten, dass er an seinen Auftrag, Jugendliche zusammenzuführen, geglaubt hat. Ich habe viel bei ihm gelernt."

Jelle Goldhagen schwieg. Von Erinnerungen überwältigt, bedeckte er sein Gesicht mit den Händen, um seine feuchten Augen zu verbergen. Hinter dem Schleier der Tränen zogen die Tage seiner Kindheit in einem verschwommenen Farbenstrom vorüber. Nach einer Weile sagte er mit fester Stimme:

„Als ich feststellte, wo ich unfreiwillig ‚gelandet' war, dankte ich dem Himmel für das Glück im Unglück, dass mir das Wattenmeer nicht unbekannt war."

„Ich verstehe", sagte Ricklef. „Auf der Seekarte, die ich bei Ihnen sah, suchten Sie nach einem Weg übers Watt, um von der Absturzstelle nach Süderoog zu kommen?"

„Ja, dabei war ich, als Sie plötzlich vor mir auftauchten. Ich hatte die Absicht, mich nach Süderoogsand durchzuschlagen ... sei es zu Fuß oder im Schlauchboot ... Dort wusste ich die Rettungsbake ... letzte Zuflucht für Schiffsbrüchige."

„Und Überlebenschance für Luftbrüchige", bestätigte Ricklef mit einem Lächeln, in dem sich Verständnis mitteilte und Mitgefühl.

„Uns ist die Jugendarbeit von Hermann Paulsen bestens bekannt", schaltete sich Anni ein. „Großartig, was er aufgebaut hat, übrigens gemeinsam mit seiner schwedischen Frau. Doch wie sind Sie auf das internationale Jugendlager aufmerksam geworden und als Jugendlicher nach Süderoog gekommen?"

„Es war, glaube ich, Ende der zwanziger Jahre, als mein Vater über Süderoog zufällig einen Zeitungsartikel las. Dem entnahmen wir, dass es vom Jahr vierundzwanzig an ein internationales Ferienlager für Jungs auf der Hallig gibt. Und da ist uns zum ersten Mal der Name Hermann Neuton Paulsen begegnet und sein Motto: *Vorwärts mit frischer Brise!* Meinen Vater überzeugte die politische Einstellung des Gründers und die Hilfe, die er der europäischen Jugend geben wollte: In einer Zeit des Nationalismus ein Zeichen setzen, mag es noch so bescheiden sein

– gegen Hass und Vorurteile, um alles Trennende beiseite zu schieben, sich offen zu begegnen und ehrlich die Hand reichen zu können. Und in diese Bewegung von Frieden und Gerechtigkeit sollte und wollte ich mich als Zwölfjähriger begeben."

„Ja, genau das war das Gebot der Stunde", bestätigte Käpt'n Petersen. „Aber die Völker Europas waren blind für die Zeichen der Zeit ... Ich kenne Hermann Paulsen sehr gut, habe für ihn öfter Versorgungsfahrten gemacht und ihn nach Husum und wieder zurück auf seine Hallig gebracht. Ich werde mit ihm sprechen, ob Sie bei ihm bleiben und untertauchen können, wenn bei uns auf Hooge die Luft zu dünn und gefährlich für Sie wird."

22. Jelle und das Wrack der Ulpiano

Durch die Fenster des Friesenpesels fiel dämmriges Winterlicht, als Käpt'n Ricklef Petersen diese Episode aus seinem Leben erzählte. Er löste mit ihr in unserer Runde, die im flackernden Lichtschein zweier Kerzen im Halbdunkel saß, eine lebhafte Diskussion aus. Während Ipke Feddersen dem Erzähler Zustimmung signalisierte, dem britischen Piloten Unterschlupf und Asyl gegeben zu haben, meinte Hannes Boysen, der wie Ricklef im Zweiten Weltkrieg bei der Heimwehr den Wach- und Telefondienst versehen hatte, dass die Petersens viel riskiert hätten, als sie den britischen Piloten bei sich versteckten.

„War euch bewusst", erklärte er mit dünner Stimme, „dass ihr mit eurem Tun nicht nur euch selbst, auch andere Hooger in große Gefahr gebracht habt?"

„Nun ja, uns war klar, wären wir ins Visier und womöglich in die Fänge der Gestapo geraten, hätte es für uns alle ziemlich schlecht ausgesehen", sagte Ricklef und ließ sein Kinn auf die Brust sinken, als suchte er Blickkontakt mit der feuerroten Nelke am Revers seines Jacketts, warf dann aber Hannes Boysen einen schnellen Blick zu und schob wortlos seine Teepunschtasse über den Tisch, die er gut gefüllt zurückbekam, leerte sie in einem Zug und meinte, indem er seinen Mund zu einem krummen Lächeln verzog, es seien die vermaledeiten Kräutermatjes, die er mittags gegessen habe. „Die wollen schwimmen", grinste er.

„Bin eigentlich froh, Ricklef", fuhr Hannes Boysen fort, „dass du mich damals nicht in das Geheimnis um Jelle Goldhagen hineingezogen hast. Hätte es selbst wohl nicht gewagt, einem feindlichen Piloten Schutz zu gewähren ... Und weiß wirklich nicht, ob ich die Nerven gehabt hätte und dem überhaupt gewachsen gewesen wäre ... Heute und im Nachhinein kann man natürlich leicht sagen, dass es richtig war. Aber damals?"

Hannes Boysen schaute schräg aus Augenwinkeln zu Ricklef hinüber, als würde er von ihm eine Stellungnahme erwarten. Als der schwieg, meldete sich Ipke Feddersen zu Wort:

„Hätten wir's nicht wissen können, Hannes? Wenigstens so viel wissen müssen, wie Hermann Neuton Paulsen wusste?"

„Was meinst du?", fragte Hannes Boysen.

„Ich denke an ein bestimmtes Wort", erklärte Ipke Feddersen. „Wenn mich nicht alles täuscht, hat es

Hermann Paulsen Ende der zwanziger Jahre gesagt. Er meinte, *Europas Völker stünden heute vor der Wahl, sich zur Lösung gemeinsamer Probleme zusammenzuschließen oder an gegenseitigem Hass und Neid zu zerbrechen.*"

„Stimmt, Ipke", sagte Ricklef. „So stand es auf einem Prospekt, der damals im Umlauf war, zusammen mit einem anderen aus heutiger Sicht fast prophetischen Satz ... Erinnere mich noch an den Wortlaut, weil ich ihn in mein Logbuch geschrieben und mehrfach nachgelesen habe: Uns würden, sagte er, *neue Sturzseen erbarmungslos in den Abgrund ziehen, wenn wir blind und taub sind für die Zeichen der Zeit.*"

„Er sollte Recht behalten", sagte Hannes Boysen.

„Hermann Neuton Paulsen war erstaunlich weitsichtig", sagte Ipke Feddersen. „Hätten wir doch nur beherzigt und getan, was er seinen Jugendlichen in Herz und Sinn schreiben wollte – den guten Willen zur Verständigung unter der Jugend Europas."

„Er war mit dieser Einstellung seiner Zeit weit voraus", sagte Ricklef.

„Ja, aber der Zeitgeist ist damals ein anderer gewesen, dem die meisten blind gefolgt sind", meinte Hannes Boysen und wollte dann wissen, wie Hermann Neuton Paulsen eigentlich auf die Idee gekommen sei, auf Süderoog ein internationales Jugendlager einzurichten.

„Kein Wunder, dass du das nicht weißt, Hannes", sagte Ricklef. „Darüber hat er, wenn überhaupt, nur sehr selten gesprochen. Aber auf einer meiner Fahrten mit ihm hat er mir mal erzählt, was ihn dazu brachte, seine Zeit und Kraft der Jugend zu widmen.

Es sei eine bestimmte Erfahrung im Ersten Weltkrieg gewesen, erklärte er, nachdem er im Jahr fünfzehn zum Heeresdienst gegangen war und in den Kämpfen vor Verdun den Krieg an vorderster Front miterlebt hatte – das furchtbare Blutvergießen, das Elend, das Grauen. Da sei in ihm der Entschluss gereift, für seinen Teil dazu beizutragen, dass sich diese Schrecken nie mehr unter den Völkern Europas wiederholen. Er meinte, es müsse möglich sein, die europäische Jugend zusammenzubringen und ihr zu vermitteln, dass ein Mensch mehr sei als seine Gedanken und Meinungen, und er so, wie er ist, zu achten und zu respektieren sei. Junge Leute müssten sich nur kennenlernen, dann würden sie die Vorurteile, die sie von den Erwachsenen hätten, überwinden. Davon war er überzeugt ..."

Ricklef hielt inne, als er sah, dass sich die Wirtin des Friesenpesels dem Tisch der Runde näherte.

„Na, leewe Mannslüüd, Porrenfrikadellen gefällig?"

Die Runde nickte Zustimmung. „Für deine Gaumenfreuden, Annemarie, unterbrechen wir gern unser Gespräch", meinte Hannes Boysen.

Nachdem alle gegessen hatten und abgedeckt war, ergriff Ipke Feddersen das Wort:

„Aber sag, Ricklef, war Hermann Paulsen denn bereit, den Bruchpiloten bei sich aufzunehmen und zu verstecken?"

„Ja, durchaus", sagte Ricklef und steckte sich erneut eine Pfeife an, blies in aller Ruhe zwei, drei Dunstkringel in die Luft, denen er nachblickte, bis sie sich verflüchtigten und in den spröden Fugen der alten holländischen Fliesen oder weit oben in den Ritzen der Deckenbalken verschwanden, und meinte dann, Hermann Paulsen habe sich sogar noch an den Jungen erinnern können.

Der schwedische Vorname „Jelle“, den hätte es kein zweites Mal im Jugendlager gegeben, sagte er. Drum sei er ihm im Gedächtnis geblieben. Und der Junge habe so herzhaft lachen können und mehr noch als die anderen Jungs großes Interesse an gestrandeten Schiffen gehabt, speziell am Untergang der „Ulpiano“, was Paulsen so beeindruckte, dass er ihm das alte Süderooger Strandbuch von 1798 zeigte, welches er sonst streng unter Verschluss hielt.

Dem konnte der Junge entnehmen, dass die „Ulpiano“, eine spanische Dreimastbark, am Weihnachtsabend 1870 dicht bei der Rettungsbake gestrandet und im Treibsand versunken war, die Besatzung sich aber retten konnte und zehn Wochen auf Süderoog lebte und die Hallig erst verließ und nach Spanien zurückkehrte, als sich die Eismassen im Wattenmeer aufgelöst hatten.

Der junge Goldhagen, erinnerte sich Hermann Paulsen, habe das Geschick der Seeleute mit ungewöhnlich starker Empathie verfolgt, fast als wäre er selbst einer der Gestrandeten und dann Geretteten gewesen. Denn seit er wusste, dass das Wrack der *Ulpiano* nah der Rettungsbake liegt, hatte er keinen sehnlicheren Wunsch, als den Ort ihres Untergangs aufsuchen und dort zu verweilen. Später bekam Jelle auch den Dankesbrief des spanischen Kapitäns Prieto zu lesen, in dem es unter anderem heißt: *Nicht als Schiffbrüchige, sondern als Söhne sei man auf Süderoog behandelt worden.*

„Die Wochen auf der Hallig müssen wohl für Jelle Goldhagen sehr prägend gewesen sein - oder?", meinte Hannes Boysen.

„Ja, das waren sie", erwiderte Ricklef.

„Jedenfalls hat Jelle Goldhagen selbst keinen Zweifel daran gelassen, dass die guten Erfahrungen, die er als Jugendlicher auf Süderoog gemacht hatte, ausschlaggebend waren, die Deutschen nicht alle pauschal für Nazis zu halten und nicht zuletzt auch mir im nächtlichen Watt zu vertrauen, als ich ihn aufforderte, mit mir zu kommen."

„Aber sag, Ricklef", schaltete sich Ipke Feddersen ein, „wie ist es dir und Anni gelungen, den Piloten bis Kriegsende versteckt zu halten?"

Ricklef legte den Kopf in den Nacken, blies kleine ovale Kringel in die Luft und erzählte.

23. Albträume

Die Wochen nach Jelle Goldhagens Absturz im Watt waren für den Piloten und die Petersens eine Zeit der Angst und Sorge, verraten und entdeckt zu werden. Tag und Nacht verbarg sich Jelle auf der *Annemarie*. Anni und Ricklef hielten die Kajüte und Koje im Schiffsinneren zunächst für das sicherste Versteck. Dort versorgte Ricklef den jungen Piloten mit Büchern, während Anni bemüht war, es an nichts fehlen zu lassen, was er zum Leben und Überleben brauchte. Nur in mond- und sternlosen Nächten verließ Jelle dann und wann den Frachtkahn, besuchte die Petersens in ihrer Kate auf Backenswarft und schlief in

Kai-Uwes Zimmer, bevor er noch vor Sonnenaufgang zum Schiff zurückkehrte. Oft freilich blieb für den Nachtschlaf nur wenig Zeit, weil sich die drei in tiefe Gespräche verwickelten.

Als Ricklef ihn einmal fragte, ob er denn schon wüsste oder darüber nachgedacht habe, wohin er nach dem Krieg gehen würde und was er beruflich zu machen gedenkt, meinte Jelle Goldhagen, dass er das so genau noch nicht wisse, wohl aber Träume habe und überlege, eventuell nach Palästina zu gehen, wenn er den Krieg überlebt, um dort in einem Kibbuz zu leben und zu arbeiten.

Da Anni und Ricklef mehr über das Leben in einem Kibbuz wissen wollten, saßen sie mit Jelle die halbe Nacht zusammen, in der sie erfuhren, dass es einem Kibbuz um die landwirtschaftliche Erschließung des Landes geht und dafür nicht selten unter unsäglichen Schwierigkeiten Malariasümpfe trockengelegt und Sandwüsten bewohnbar gemacht werden mussten, um Getreidefelder, Orangengärten und Weinberge zu schaffen. Zum ersten Mal hörten Ricklef und Anni Genaueres über die Lebensform in einem Kibbuz, in dem der Einzelne kein Eigentum besitzt und seine Arbeitsleistung unentgeltlich in die Gemeinschaft einbringt und ihm im Gegenzug Wohnung, Kleidung, Verpflegung und medizinische Versorgung zur Verfügung gestellt werden. Jelle erwähnte noch, dass er in England von zionistischen Freunden, die wie er bei der Royal Air Force tätig waren, viel über *Degania* gehört habe, einem am Südende des Sees Genezareth gelegenen Kibbuz, in dem zu leben und zu arbeiten er sich durchaus vorstellen könne.

Über die Gespräche hinaus, in denen die Petersens viel Neues erfuhren, war Jelle bemüht, ihnen zur Hand zu gehen und zu helfen, soweit es für ihn möglich war, ohne allzu große Risiken einzugehen. Als Ricklefs Bruder Nanning einmal Holz am Festland bestellt hatte, um die von der Witterung und Salzluft zerfressene Fassade seiner Scheune zu erneuern, und Ricklef die bestellte Ladung von Husum holen sollte, geschah Merkwürdiges.

Seit Tagen hatten Stürme die Insel- und Halligwelt heimgesucht, die ein Auslaufen der *Annemarie* verhinderten. Als die nachließen und Käpt'n Petersen bereit war, in See zu stechen, holten in der Nacht zuvor fremdartige Geräusche Jelle Goldhagen aus dem Schlaf. Schnell zog er sich an, um nachzusehen, was es mit dem nächtlichen Lärm auf sich habe. Als er auf dem Sommerdeich stand, war sein Erstaunen groß über das Schauspiel, das sich seinen Augen bot. Vom Flutsaum bis weit ins Meer hinaus, soweit er sehen konnte, war alles gelb übersät mit Holzbrettern, die Starkwinde von See her und auflaufende Wasser angeschwemmt hatten. Jelle Goldhagen eilte mit dieser Nachricht zu Ricklef, dem sofort klar war, dass einem Schiff im englischen Kanal eine große Ladung Holz im Sturm über Bord gegangen sein musste. Nachdem auch Nanning herbeigerufen war und er die große Menge schwimmender Bretter sah, konnte er sein Glück kaum fassen, auf diese Weise Material für die Fassade seiner Scheune zu bekommen. Da ihre Sorge groß war, das Holz könnte, so unverhofft und schnell es gekommen war, auch wieder wegtreiben, gingen die drei sofort daran, es zu bergen. Sie arbeiteten die ganze Nacht hindurch und taten gut daran, denn tags darauf drehte der Wind von Südwest nach Nordost und trieb die angespülten Holzbretter zurück aufs offene Meer.

„Diesen unverhofften Fund müssen wir feiern", sagte Ricklef, als sie mit den ersten lichten Streifen am östlichen Horizont ihren nächtlichen Beutezug beendeten. Wenig später saßen die drei müde, aber hoch zufrieden in der Kajüte des Frachtschiffes, wo Anni sie schon erwartete und mit einem Frühstück empfing. Während sie noch einen lichten Tee für den Teepunsch zubereitete, holte Ricklef aus einem Schapp eine Flasche Köm, zeigte auf das Etikett und meinte in einem Tonfall, der wie eine Entschuldigung klang:

„Die hab' ich vom Zoll ... Wird jedem geliefert, der im Wach- und Telefondienst der Heimwehr tätig ist, jeden Monat eine Buddel ganz unterschiedlicher Spirituosen ... Und dazu noch hundert Zigaretten ... Warum wir hier kriegen, was kein Soldat an der Front bekommt? ... Ich weiß es nicht."

Als Anni, Ricklef und Nanning den Ewer verlassen hatten, ließ sich Jelle Goldhagen erschöpft in die schmale Koje fallen, sah noch eine kurze Zeit die übers Meer versprengten Reflexe der Morgensonne auf den Kupferrändern der Bullaugen tanzen und schlief ein. Er atmete schwer auf dem breiten Rücken des Wattenmeeres, seit Albträume ihn heimsuchten, in denen er noch einmal seinen Absturz durchlitt. Der Traum aber war, sooft er träumte, meist derselbe:

Von einem Geschoss der Flakbatterie getroffen, muss er im Wattenmeer notlanden. Im Sinkflug erkennt er, dass seine Spitfire direkt auf eine Warft zusteuert.

Schon sieht er die Häuser auf sich zurasen, die er zerstören würde, und will sofort seinen Kurs ändern, was ihm mit aller Kraft im letzten Moment gelingt. Er kann noch abdrehen und seine Maschine an der Warft vorbei aufs trocken gefallene Watt lenken und damit Häuser und Menschen verschonen ... Er überlebt den Absturz, wird dann aber von zwei Männern der Heimwehr auf eine Insel gebracht und von dort in ein Gefangenenlager, wo er den Tod vor Augen unter Hunger und Gewalt leidet ...

Wenn Jelle David Goldhagen schweißgebadet aus diesem Traum erwachte, überkam ihn ein Angst- und Wehgefühl. Gewissensbisse quälten ihn, die ihn fragen ließen, ob es richtig war, nach seinem Absturz untergetaucht zu sein? Durfte er das rettende Asyl annehmen, das die Petersens ihm gewährten und für sie so gefahrvoll ist? Hätte er sich der deutschen Küstenwache stellen sollen, so schrecklich für ihn auch die Konsequenzen wären? Oder die Flucht ergreifen sollen? Eines Morgens einfach weg sein? Die unterschiedlichsten Gedanken und Szenarien überfielen ihn und wühlten ihn auf.

Anni war der traurige Ausdruck in Jelles Gesicht nicht entgangen, wenn ihm solche Gedanken auf der Seele lagen. Als sie dem jungen Piloten einmal zu später Stunde die in der BBC gehörten Nachrichten über den Verlauf der Front bringen wollte und ihn tief bekümmert in der Kajüte der *Annemarie* sitzen sah, fragte sie ihn: „Jelle Goldhagen, willst du mir nicht sagen, was dich traurig macht?"

Der Pilot sah Anni aus großen Augen an und schwieg. Als er sich abwandte und das Gesicht, das schweißnass und rot angelaufen war, mit seinen Händen bedeckte, sagte sie:

„Ich seh' doch, dass dich etwas bedrückt. Wenn du darüber nicht reden willst, ist das in Ordnung. Versteh mich recht! Ich ahne aber, welcher Art die Gedanken sind, die dich belasten."

Anni setzte sich neben Jelle Goldhagen, legte ihre Hand auf seine Schulter, wie sie es bei Kai-Uwe getan, wenn er Kummer hatte, und sagte nach einer kurzen Pause:

„Es gibt ermutigende Nachrichten für dich, Jelle. Die Front rückt immer näher. Das Ende des Krieges ist absehbar."

Anni schwieg einen Augenblick in Erwartung einer Reaktion von Jelle. Als die ausblieb, erklärte sie:

„Und das möchten Ricklef und ich dir noch sagen: So groß die Gefahren sind, denen wir alle ausgesetzt sind – wir sind sehr froh, dich bei uns zu haben. Und das nicht nur, weil du uns nach Kai-Uwes Weggang eine Hilfe geworden bist. Uns kam der Gedanke ..."

Anni sprach den Satz nicht zu Ende. Sie suchte Jelles Augen. Als sich der junge Mann ihr zuwandte und sie mit fragendem Blick anschaute, sagte sie: „Uns kam der Gedanke, ob es vielleicht kein Zufall ist, dass du kamst, als unser Sohn uns verließ."

Jelles Gesicht hellte sich auf. Mit dem Ärmel der Jacke, die Anni ihm aus Kai-Uwes Schrank gegeben hatte, wischte er sich den Schweiß von der Stirn und lächelte, sagte aber kein Wort, sondern ergriff Annis Hand, zog sie behutsam an seine Lippen und hielt sie dort kaum länger als zwei, drei Lidschläge lang. Die aber lösten in Anni ein so überraschendes Wohlgefühl und verwirrendes Gedankenspiel aus, dass sie, über sich selbst erschrocken, den jungen Piloten verblüfft aus großen Augen ansah. Als sie sich wieder gefangen hatte, fragte sie Jelle mit kupferwarmer Stimme:

„Weißt du, dass morgen eine Fahrt nach Husum geplant ist?"

„Hab' davon gehört", erwiderte Jelle.

„Du sollst mitfahren, wenn du magst."

„Bin bereit, hab' es Käpt'n Petersen schon gesagt. Schafe seien zu verladen und nach Husum zu bringen, meinte er."

24. Die Friesen sollen frei sein

Käpt'n Petersen hatte vom Zollrat in Husum die Erlaubnis bekommen, an Tagen, die er vom Wach- und Telefondienst befreit war, für die Hooger Gemeinde Versorgungsfahrten zu machen. Und so ging Ricklef mit Jelle im Schutz der Dunkelheit noch vor Tagesanbruch daran, zwanzig Schafe auf seinen Frachtkahn zu bringen, die Viehhändler Tade Tadsen, mit dem alles Weitere verabredet war, im Husumer Außenhafen in Empfang nehmen sollte.

Als Käpt'n Petersen kurz vor der Ausfahrt am Anleger den Postschiffer Leif Hansen traf, fragte der:

„Was hast du vor, Ricklef?"

„Will Schafe nach Husum bringen und einiges erledigen. Es sind auch wieder Einkäufe zu machen."

„Mensch, Ricklef, das riskierst du? Was machst du, wenn du nicht rechtzeitig wieder zurück bist? Du weißt doch, was für ein scharfer Hund der Kommissar ist."

Käpt'n Petersen wusste es in der Tat. Denn sooft er Brodbeck begegnete, hatte er ihn als einen Mann eiserner Strenge erlebt, der keine Fehler duldete und von Ehrgeiz und braun-nationalem Eifer beseelt war. Unvergessen war ihm der Tag, an dem seine *Annemarie* vom Zollboot aufgebracht wurde, weil das Positionslicht auf seinem Schiff nicht funktionierte, und der Kommissar ihn zum Verhör und zur Aufnahme des Protokolls ins Husumer Zollamt schickte. Aber so präsent in Ricklef das Vergangene war, es schreckte ihn nicht, die Versorgungsfahrt nach Husum zu machen, so eng das Zeitfenster für ihn auch war.

„Bin heut Nacht wieder zurück auf Hooge", rief er seinem Freund aus Jugendtagen zu. „Schon um vier Uhr morgens, verlass dich drauf!"

„Und wenn du nun auf eine Treibmine stößt?"

„Sei unbesorgt! Wir werden hellen Mondschein haben. Diese ‚Knaller' erkenne ich und seh' sie von Weitem treiben. Das sind ja keine Magnetminen."

Solange die *Annemarie* im Hafen lag, hielt sich Jelle Goldhagen im Innern des Ewers versteckt. Auf See aber verließ er die Kajüte, ging an Deck und suchte das Ruderhaus auf, um Käpt'n Petersen, der in gewohnter Ruhe und Aufmerksamkeit das Schiff auf Kurs hielt, ein Heißgetränk zu bringen. Sie umschifften Sandshörn, ließen östlich die Halligen Gröde und Habel hinter sich und bald darauf im Westen die Insel Pellworm. Als sie den nördlichen Heverstrom erreichten, in dem das Wasser langsam wieder auflief, griff Ricklef nach dem Fernglas und reichte es Jelle mit den Worten:

„Siehst du den grau-grünen Flecken dort am Horizont?"

„Was ist damit, Käpt'n? Sieht inmitten der Wasser aus wie eine kleine Oase."

„Ja, mit viel Himmel darüber", ergänzte Ricklef lächelnd und sagte:

„Das ist die Hallig Südfall, auf der die Gräfin Diana lebt. Eine bemerkenswerte Frau. Will auf etwas hinaus, was uns Friesen geprägt hat, und auch für Menschen, die so dran sind wie du, von Bedeutung ist."

Und dann erzählte Ricklef, dass die Gräfin, die mit ganzem Namen Diana von Reventlow-Criminil hieß, viele Jahre in den Wintermonaten in Rom lebte und nur im Sommer auf Südfall, sich im Alter aber, des höfischen Lebens überdrüssig, ganz auf die Hallig zurückzog. Für sie, erklärte Ricklef, sei jeder Mensch frei und habe Gastrecht, *solange er sich im nordfriesischen Watt aufhält*. So steht es geschrieben im Landrecht der Friesen.

„Und dieses Recht, Jelle, gilt auch für einen englischen Piloten, der im Watt abgestürzt ist", fuhr Ricklef fort. „Übrigens ließ sich die Gräfin den für uns so wichtigen Satz von einem Schnitzer in Niederdeutsch in eine alte Truhe ritzen: *Die Friesen sollen frei sein,* steht da; was gelten soll, *solange der Wind von den Wolken wehen und die Welt bestehen würde*. Das ist friesische Tradition. Sie gehört zu unsrer Identität … Will damit sagen – du genießt Gastrecht, Jelle, und musst kein schlechtes Gewissen haben, *solange du bei uns bist*."

„Werde mir den Satz auf der Truhe merken", sagte Jelle Goldhagen. „Er macht es mir leichter, hier zu sein und Ihre Gastfreundschaft anzunehmen, Käpt'n Petersen. Habe gestern schon mit Anni darüber gesprochen. Bin Ihnen beiden sehr dankbar."

Die Luft, die Jelle nach diesem Gespräch im Steuerhaus atmete, hatte etwas von einer entspannten Stille. Sie war jedoch nur von kurzer Dauer. Denn als er mit dem Fernglas den Horizont absuchte, entdeckte er plötzlich in der Ferne einen dunklen Punkt, der schnell größer wurde und sich auf die *Annemarie* zubewegte.

„Käpt'n, da kommt einer in rasantem Tempo auf uns zu", rief Jelle Goldhagen, ohne den Feldstecher von den Augen zu nehmen.

„Das kann nur das Zollschiff von Kommissar Brodbeck sein", erklärte Ricklef. „Der darf dich auf keinen Fall sehen, Jelle. Geh wieder in die Kajüte und beseitige dort alles, was auf mehr als eine Person hinweisen könnte, damit wir uns nicht verraten und er keinen Verdacht schöpft. Dieser Mann war immer schon neugierig und argwöhnisch. Der Krieg aber hat ihn zu einem schrecklichen Schnüffler gemacht. Der will bestimmt zu uns aufs Schiff."

Jelle Goldhagen verließ das Steuerhaus, ordnete die Kajüte und suchte danach sein Versteck auf, eine abgelegene Nische im Maschinenraum, deren Tür in den Laderaum führt, der im Notfall auch ein Fluchtweg ist.

Schnell näherte sich das Zollschiff dem Frachtkahn. Als Kommissar Brodbeck erkannte, wen er vor sich hatte, dachte er: Wo zum Teufel will denn der Petersen von Hallig Hooge hin? „Na, warte!", sprach er leise vor sich hin. „Du bist doch bestimmt noch nicht morgen früh acht Uhr wieder im Dienst. Dann krieg ich dich und reiß dir den A... auf."

Auf der Höhe der *Annemarie* angekommen, meldete sich Brodbeck über Funk und fragte grußlos in geschäftlichem Ton:

„Sind Sie allein, Käpt'n?"

„Warum fragen Sie, Kommissar? Fahre natürlich allein, seit mein Sohn an der Front ist und mich nicht mehr begleiten kann."

„Ich frage Sie, Petersen, weil auf der *Annemarie* unbekannte Personen gesichtet wurden. Haben Sie dafür eine Erklärung?"

„Das kann immer nur meine Anni gewesen sein, Kommissar", sagte Ricklef, der spürte, wie sich seine Nackenmuskeln verkrampften und eine brennende Hitze in ihm hochstieg.

„Auch hieß es", sprach Brodbeck mit schneidender Stimme, „es würde seit geraumer Zeit nachts in der Kajüte ungewöhnlich lange Licht brennen."

Ricklefs Körper durchlief ein Schauder. Er zwang sich, ruhig zu bleiben, ließ aber seine Pfeife, die er sich gerade neu angesteckt hatte, fortlaufend von einem Mundwinkel in den anderen hinüberwandern. Bemüht, sich ahnungslos zu stellen, sagte er:

„Licht in der Kajüte? Davon weiß ich nichts ...

Aber kommen Sie doch auf die *Annemarie*, Kommissar. Sehen Sie nach, wenn Sie wollen. Sie werden außer mir nur zwanzig Schafe finden, die nach Husum sollen."

Nach kurzem Schweigen hörte Käpt'n Petersen den Kommissar Sätze sprechen, die er in seiner Erregung nicht recht verstand. Nur so viel konnte er ihnen noch entnehmen, dass der Mann vom Zollschiff wohl gern die *Annemarie* durchsuchen würde, jetzt aber nicht die Zeit habe, weil er schnell weiter nach Amrum müsse.

„Bin morgen früh auf Hooge, Petersen", sagte er. „Werde dann ja sehen, ob Sie pünktlich wieder im

Dienst sind. Alles andere soll mir heute ausnahmsweise Schnuppe sein. Verstehn Sie, Käpt'n? Ausnahmsweise!"

Als sich das Zollschiff entfernt hatte, holte Ricklef den jungen Piloten aus seinem Versteck und erzählte ihm alles, was er von Kommissar Brodbeck gehört hatte. „Du kannst nicht länger auf der *Annemarie* bleiben, Jelle", sagte er, „wir werden beobachtet. Das Versteck ist nicht mehr sicher. Lass uns, wenn wir auf Hooge sind, gemeinsam mit Anni beraten, was zu tun ist und wo du bleiben kannst, bis der Krieg zu Ende ist."

Sechstes Kapitel

25. Naturimpulse und Fluchtenergie

Als Käpt'n Petersen am frühen Nachmittag im Husumer Hafen die Ladung von zwanzig Schafen dem Viehhändler Tadsen übergab und gleich danach aufbrach, um die notwendigen Einkäufe zu machen, überzog die Stadt Husum von See her eine dunkle Wolkenwand, aus der nur hier und da ein verirrter Sonnenstrahl aufblitzte. Eine bedrückende Stille erfüllte die Straßen und Geschäfte. Dass sie nur spärlich bevölkert waren, überraschte Käpt'n Petersen nicht. Schließlich befand man sich in einem weit fortgeschrittenen Krieg, dessen negativer Ausgang absehbar war. Dass er darum seine Besorgungen für die Hooger schneller als erwartet erledigen konnte, kam ihm entgegen. Er wollte so früh wie möglich wieder in See stechen, um rechtzeitig zurück auf Hooge zu sein.

Die Regenwolken hatten sich verzogen und einer mondhellen und fast windlosen Nacht Raum gegeben, als die *Annemarie* den Husumer Hafen verließ. Jelle Goldhagen lag verstört in seiner Koje und konnte keine Ruhe finden. Auf dem Rücken liegend mit hinter dem Kopf verschränkten Armen und offenen Augen horchte er in die Dunkelheit hinein, in der sich ihm das gleichmäßige Rattern des Schiffsmotors mitteilte, und suchte nach einer Entscheidung:

„Was machen, wenn ich auf der *Annemarie* nicht mehr bleiben kann?", fragte er sich. Süderoog und die Rettungsbake wären eine Option. Und Hermann Neuton Paulsen habe sich ja wohl bereit erklärt, ihn bei sich aufzunehmen. „Aber wie lange würde es dauern, bis ich auch dort entdeckt werde. Muss ich nicht damit rechnen? Sollte ich nicht vielmehr die Flucht wagen, so groß das Risiko auch wäre?", sprach er leise vor sich hin.

Bei dem Wort *Flucht* durchzuckte es ihn. Er wusste nicht warum. Aber in diesem Augenblick hinterließ der bloße Gedanke an Flucht in seinem Körper einen vibrierenden Klang, in dem sich ein so heftiges Verlangen nach Freiheit und Heimkehr mitteilte, wie er es nach seinem Absturz noch nicht verspürt hatte. Alle Bedenken, Zweifel und Ängste waren wie weggewischt. Mut und Entschlossenheit, die Flucht zu wagen allen Widrigkeiten und Gefahren zum Trotz, hatten plötzlich von ihm Besitz ergriffen. Ihm war, als habe jemand einen Stein ins Meer geworfen, der hoffnungsfrohe Wellen in immer größer werdenden Kreisen um sein Leben schlug und ihn Träume über den Horizont hinaus träumen ließ.

Aus alledem erwachte Jelle Goldhagen erst, als Käpt'n Petersens Stimme zu ihm drang, der nach ihm rief. Da fiel es ihm wieder ein. Treibminen! Nach diesen „Knallern", wie Käpt'n Petersen sie genannt hatte, sollte und wollte er doch Ausschau halten. Jelle begab sich sofort an Deck, versäumte aber nicht, zuvor noch Ricklef heißen Tee ins Steuerhaus zu bringen und von Annis Proviant ein mit Wurst belegtes Brötchen. Wenig später stand er am Bug des Schiffes und sah im Mondschein, dass sich die Wasser zurückgezogen hatten und die Schlickwüsten und Strände jenseits der Fahrrinne frei dalagen.

Wie ungewöhnlich ist dieser Ort, der für Stunden den Meeresgrund freilegt und ihn dann wieder mit Wasser bedeckt, in ewig gleichem Rhythmus, dachte Jelle. Hier ist nicht eine Rinne, nicht eine Schlickfläche heute, wie sie gestern war. Alles ist flutendes Leben, Veränderung, Aufbau und Zerstörung. In Gedanken sah sich Jelle noch einmal wie damals im Jugendlager auf Süderoog am Flutsaum des Meeres entlanggehen, als er mit anderen Jungen unter der Führung von Hermann Paulsen das pulsierende Leben im Watt beobachtet hatte. Und sich an vieles erinnernd, flossen ihm überraschend Impulse zu, von denen er glaubte, sie dürften in seinem Fluchtgepäck nicht fehlen:

„Du musst dich den winzigen Gehäusen der Wattschnecken anpassen und unauffällig sein; dazu eine Leichtigkeit haben, wie sie den Eiballen der Wellhornschnecke eigen ist, die sich von günstigen Winden an ferne Orte tragen lassen; es aber zugleich den Seepocken gleichtun, die sich unter der Haut des Meeres an allem festmachen, was ihnen Halt gibt. Beherzige das! Und die Flucht wird gelingen", sprach Jelle zu sich selbst, überzeugt, dass es Naturimpulse braucht, um ausreichend Fluchtenergie zu haben, konnte sich aber auch ein Schmunzeln über die bildreichen Vergleiche nicht verkneifen.

Während die Nacht von ihren schweigenden Wänden zur *Annemarie* nur noch ein fernes Echo des Dröhnens britischer Geschwader warf, die das Wattenmeer überflogen, hörte es Kommissar Brodbeck im Zimmer seines Hotels in voller Lautstärke. Er hatte, in Wittdün auf Amrum angekommen, zunächst den Männern der Flakbatterie einen offiziellen Besuch im Namen des Führers abgestattet und danach in der Inselstraße das Hotel „Bellevue" aufgesucht, das nur wenige Gehminuten vom Fähranleger entfernt nah der Strandpromenade lag. Er kannte den Ort und die Insel von zahlreichen Besuchen vor dem Krieg. Seit Jahren hatte er dort seinen Urlaub verbracht. In „Bellevue" war dank seiner Freundin, die dort lebte und das Hotel führte, immer ein Zimmer für ihn frei. Als *Bellevue*, wie Brodbeck auch seine Inselliebe nannte, ihn nach dem Abendessen fragte, wieviel Zeit er denn für sie mitgebracht habe und der signalisierte, dass er früh am nächsten Morgen aufbrechen und über Hooge zurück nach Husum müsste, war sie enttäuscht.

„Ich hatte gehofft, du könntest wenigstens einen Tag länger bleiben", sagte sie.

„Wäre gern geblieben, Liebes, glaub mir! Aber es ist Krieg, und Dienst ist Dienst", sprach der Kommissar und trat auf den Balkon, von wo er die Vogelschwärme über dem Kniep und den weiten Strand sehen konnte. Wenig später hörte *Bellevue*, die ihm auf den Balkon gefolgt war, Brodbeck sagen:

„Will morgen früh pünktlich halb acht auf Hooge sein und nach diesem Wirbelwind von Käpt'n sehen, ob ich den nicht endlich zu fassen kriege."

Als am nächsten Tag das Zollschiff von Wittdün auslief, durchbrach in dunkler Röte das Licht der Morgensonne eine niedrige Wolkenwand. Kommissar Brodbeck stand auf der Brücke, betrachtete ihre Spiegelungen auf dem Wasser und überließ sich, vom Möwenflug begleitet, seinen Gedanken, die von früh an um Käpt'n Petersen kreisten. Auf Hooge angekommen, rief ihm Hannes Boysen, der den

Kommissar vom Anleger abholte, lachend schon von Weitem zu:

„Den kriegen Sie nicht, Kommissar."

„Nun mal langsam, Bürgermeister", ließ Brodbeck sich hören, als er die Holztreppe hinaufstieg, die ihn von der Steinbuhne, vor der die Schiffe an dicken Holzpfählen festmachten, nach oben führte.

„Von wem reden Sie? Sie meinen doch wohl nicht Käpt'n Petersen?"

„Genau den meine ich, Kommissar! Der ist nämlich schon hier."

„Unmöglich! Das glaub ich nicht."

Als der Kommissar die oberste Stufe der Holztreppe erreicht hatte und Käpt'n Petersen, der Haltung angenommen und zum Gruß seine rechte Hand an die Kapitänsmütze gelegt hatte, grinsend vor sich stehen sah, glaubte er, seinen Augen nicht trauen zu dürfen.

„Das kann doch nicht wahr sein!", brummte er.

„Hier bin ich, Kommissar", tönte Käpt'n Petersen mit fester Stimme, beugte sich leicht nach vorn und sah Brodbeck mit einem durchdringenden Blick in die Augen.

„Melde mich zur Stelle und möchte feststellen, bin pünktlich im Dienst."

„Wann waren Sie wieder zurück auf Hooge, Petersen?"

„Halb vier heut Morgen!"

„Hatten Sie denn keine Probleme mit Treibminen?"

„Die treiben doch oben auf dem Wasser? Die kann man sehen und ihnen aus dem Wege fahren. Und ganz abgesehen davon, Sie wissen doch, Kommissar, dass die Treibminen ohne Bodenkontakt eine Stunde nach dem Aussetzen unscharf werden."

Als Ricklef uns zur Dämmerstunde diese Episode aus seinem Leben erzählte und sie mit den Worten schloss: „Ich dachte wirklich, der Kerl fällt mir rückwärts die Treppe runter, als er mich oben stehen sah" – da leuchteten seine Augen und ein spitzbübisches Grinsen überzog das Gesicht des alten Mannes.

26. Die Totmeldung

Nach noch milden Temperaturen im November vierundvierzig folgte im Dezember ein ungewöhnlich starker Frosteinfall. Eisig schweigend und starr lag die Luft über Land und Meer und ließ die Warften in grimmiger Kälte erzittern, als die Petersens einen Brief bekamen, der sie in helle Aufregung und Bestürzung versetzte – die Totmeldung ihres Sohnes Kai-Uwe, adressiert an die Mutter und mit „Heil Hitler" unterschrieben. „Mit einem Herzschuss gleich getötet", hieß es und „in treuer Pflichterfüllung für das deutsche Vaterland gefallen" ... Beigesetzt auf dem und dem Friedhof in Frankreich.

Nachdem Anni den Brief gelesen und wortlos an Ricklef weitergegeben hatte, war jede Farbe aus ihrem Gesicht gewichen. Beide fühlten sich, als habe sie der Blitz getroffen. Entsetzen sprach aus ihren Augen. Ein Beben durchlief sie. Anni hätte am liebsten losgeschrien, brachte aber kein Wort heraus. Eine Stille, die zu zerspringen drohte, füllte den Raum, in dem sie wie versteinert saßen, umschlossen von einem Panzer der Sprachlosigkeit.

Erst nach langem Schweigen fanden die Petersens ihre Sprache wieder. Danach flüchtete Anni in ihre häusliche Arbeit, kümmerte sich um Swantje und suchte später im Schutz der Dunkelheit Jelle Goldhagen in seinem Versteck auf, während Ricklef in sich den Drang verspürte, ans Meer zu gehen, an dessen Flutsaum sich ein Packeisgürtel in bizarren Formen gebildet hatte. Von Jugend an war ihm das Meer ein Ort der Zuflucht, wo er fröhlich und traurig sein, aufbrausen und stille werden konnte.

Auf dem Weg zum Anleger hörte Ricklef den Schnee unter seinen Schritten knirschen und sah den Atemhauch vor seinem Gesicht. Es berührte ihn eigentümlich, dass er sich in der Eiseskälte, die ihn umschloss, in Kindheitserinnerungen verfing, wie er als Junge an heißen Sommertagen nackt auf einem weißen Laken in der Bondesstave und im lila Klee gelegen und dem vielstimmigen Rauschen des Meeres zugehört hatte, und so oft er es tat, damals schon glaubte, sein eigenes Wesen würde Züge des Gezeitenstroms tragen. Er wusste nicht, welcher Art sie waren und konnte sie nicht benennen. Aber als er beim Anleger war und mit einer Hand am Geländer die Treppe zur Steinbuhne hinabstieg, gelang es ihm in seinem Schmerz über Kai-Uwes Tod mühelos, in der vereisten Wasserwildnis ein Spiegelbild seiner selbst zu sehen.

Wie lange Käpt'n Petersen am Eisgürtel des Wattenmeeres bei zweistelligen Minusgraden verweilte, ist mir nicht mehr in Erinnerung. Vielleicht hat er's auch gar nicht erwähnt. Doch ging er zur Backenswarft zurück in dem Gefühl, als habe sich tief in seinem Innern ein weiter Raum geöffnet. Das Meer trägt Züge menschlichen Lebens, dachte er. Es kann, verbündet mit starken Winden, lautstark daherkommen und mit großem Getöse sich vernehmbar machen, aber auch wunderbar leise sein und zuhören. Es hat Augen und Ohren und versteht zu ruhen, zu warten und sich in Geduld zu fassen. Ricklef war gewiss, das Meer kennt noch eine Sprache jenseits des Alphabets. „Ich beneide dich, alter Ozean", sprach er leise vor sich hin. „Du bleibst wunderbar gelassen allem Machtgebaren und Kriegslärm gegenüber, die jetzt die Welt erfüllen, und überdauerst die Reiche dieser Erde, die kommen und gehen."

Voll Unruhe war für die Petersens die Nacht, die auf die Nachricht von Kai-Uwes Tod folgte. Während Anni lange wach lag und trotz ihrer Erschöpfung große Mühe hatte, den befreienden Schlaf zu finden, der ihr sonst so selbstverständlich war, wurde Ricklef von Albträumen heimgesucht, aus denen er schweißgebadet aufwachte. Am nächsten Morgen sagte Anni, es müsse doch jemanden geben, der etwas über die näheren Umstände von Kai-Uwes Tod weiß, und bat Ricklef, er solle doch mal Kommissar Brodbeck anrufen und ihn fragen. Als wenig später die telefonische Verbindung mit ihm hergestellt war, sagte der aber nur, er habe keine Informationen, unter welchen Umständen Kai-Uwe gestorben sei. Er wisse nur, dass er fürs deutsche Vaterland gefallen sei.

Schneefälle begleiteten die Kälte, die Land und Meer überzog, als Anni Ende Januar fünfundvierzig Jelle David Goldhagen in seinem nachtstillen Versteck aufsuchte und ihm in erregtem Tonfall mitteilte, dass Soldaten der Roten Armee Auschwitz erreicht und dort ein Konzentrationslager befreit hätten.

„Der Anblick des Lagers mit den ausgezehrten Überlebenden – er soll schrecklich gewesen sein", sagte Anni leise und legte, als Jelle schwieg und sie aus traurigen Augen ansah, ihren Arm um seine Schulter. Eine bedrückende Stille erfüllte den lichtlosen Raum, in dem sich der junge Pilot aufhielt, nachdem Kommissar Brodbeck von der Existenz eines Fremden auf der *Annemarie* Wind bekommen und es Ricklef mitgeteilt hatte.

„Du denkst an deine Familie und bist tief besorgt", sagte Anni.

Jelle nickte und erklärte in einem Tonfall, der Unruhe und Ungeduld verriet: „Ich muss fort. Ich muss Gewissheit haben."

„Aber welches Risiko gehst du ein!", gab Anni zu bedenken. „Der Krieg wird in wenigen Wochen aus sein. Warum willst du noch die Flucht wagen? Bei dieser Eiseskälte … Was mutest du dir zu?!"

Seit Jelle Goldhagen den Petersens seinen Fluchtgedanken mitgeteilt hatte, versuchten Anni und Ricklef, den jungen Piloten davon abzubringen. Sie konnten seine Gründe, warum er wegwollte, nur allzu gut verstehen. Doch erschien ihnen das Risiko einer Flucht übers eisige Wasser erheblich größer, als bei ihnen versteckt auf der Hallig zu bleiben, so beschwerlich und gefährlich die Tage bis Kriegsende für ihn sein würden. Hinzu kam für Ricklef und Anni, was sie nicht in Worte fassen konnten oder wollten. Jedenfalls haben sie nicht offen darüber gesprochen, was sie sich insgeheim eingestehen mussten. Ihnen war der junge Mann ans Herz gewachsen und sie fürchteten, der Schmerz, der sie nach der Totmeldung Kai-Uwes heimgesucht hatte, würde sich noch vertiefen, wenn er sie verließ. Auch konnten sie nicht von dem Gedanken loskommen, dass ein barmherziges Geschick Jelle vielleicht gerade wegen des Verlusts ihres Sohnes zu ihnen gebracht habe.

Und der junge Goldhagen? Er wusste durchaus um die Zuneigung der Petersens. Immer wieder hatte er sie verspürt und dankbar wahrgenommen. Auf Annis erneutes Bemühen, ihm die Flucht auszureden, meinte er aber nur:

„Ich weiß, Anni, wie gefährlich für mich die Flucht übers Meer ist. Aber müssen wir nicht manchmal Entscheidungen treffen, die uns einsam zurücklassen, wenn wir alles auf eine Karte setzen? Ich will, ich muss es versuchen. Und es gibt niemanden, der mir die Entscheidung abnehmen und dabei helfen kann, mag er's noch so gut meinen."

„Es ist so, wie du sagst", erwiderte Anni. „Das Schwierige ist nur, dann mit seinen Entscheidungen leben zu müssen und in diesen wirren Zeiten zu überleben."

Als Jelle schwieg und mit einer Geste zu verstehen gab, darüber nicht weiter sprechen zu wollen, hörte Anni auf, in ihn zu dringen.

„Ich sehe, dass dein Entschluss, die Flucht zu wagen, feststeht und dich nichts davon abbringen kann", sagte sie. „Dann soll es so sein … Ricklef und ich werden, so viel an uns liegt, dir bei deinem Vorhaben helfen und dich mit Brot- und Fischkonserven und Leuchtraketen ausrüsten, die wir bei uns für den Notfall gebunkert haben … Und natürlich mit ausreichend geele Köm."

Jelle lächelte, warf Anni einen dankbaren Blick zu und meinte, noch wisse er nicht den Zeitpunkt seiner Flucht.

„Wann immer es sein wird, du kannst damit rechnen, dass von morgen an alles Notwendige für dich bereitliegen wird", sagte Anni, umarmte Jelle und verließ das Schiff.

27. Die Nacht der Flucht

Tags darauf zeigte Käpt'n Petersen dem jungen Piloten ein kleines Ruderboot, das bei ihm im Schuppen stand. Es sei leistungsfähiger und sicherer als ein Schlauchboot, sagte er, und stünde bereit für ihn. Ricklef hatte es noch mit einem Außenbordmotor versehen und einen Kanister mit Rohöl als Reserve dazugestellt, aus dem, wenn nötig, auch einige Tücher getränkt und in einem Zinkeimer zu einem wärmenden Feuer gegen die Eiseskälte auf See entzündet werden konnten.

Jelle machte große Augen. Er schien fast ein wenig verwirrt.

„Aber das Boot braucht ihr doch selbst, Käpt'n, wenn ihr in eine Notlage kommt", wandte er ein und riss beschwörend seine Arme in die Höhe.

„Das kann ich nicht annehmen. Was macht ihr, wenn ein Unwetter euch nötigt und zwingt, das Haus zu verlassen?"

„Lass es gut sein, Jelle. Wir kommen schon zurecht. Du brauchst das Boot jetzt nötiger als wir."

Als wenige Tage später in monddurchströmter Nacht erneut ein britisches Bombergeschwader die Insel- und Halligwelt überflog und eine Maschine von der Flak getroffen im Watt vor Norderoog notlanden musste, bekam Käpt'n Petersen einen Anruf aus dem Husumer Zollamt:

„Sehen Sie nach, Petersen, wo zum Teufel die Besatzung abgeblieben ist", schrie Kommissar Brodbeck. „Und halten Sie Wache an der Absturzstelle, bis unser Aufräumkommando da ist. Und ... ach ja, fast hätte ich's vergessen. Boysen soll mitgehen! Auf keinen Fall gehen Sie allein ins Watt. Verstanden? Solange Sie draußen sind, übernimmt Ihre Frau die Telefonwache. Noch Fragen, Käpt'n?"

„Hab ja seit Kurzem eine Knarre, wie Sie wissen. Muss die unbedingt mit? Kann mich nur schwer mit dem Ding anfreunden."

„Auf jeden Fall mitnehmen, Petersen. Sicherheitshalber. Dafür haben wir Sie als Wachmann doch mit einer K98 ausgerüstet."

Käpt'n Petersen, überzeugt, dies sei der richtige Augenblick für Jelles Flucht, suchte gleich nach dem Telefonat den jungen Piloten in seinem Versteck auf, teilte ihm mit, wozu ihn das Zollamt beauftragt habe, und rief mit fester Stimme:

„Leinen los, Jelle! Der Ewer hat genügend Wasser unterm Kiel. Die Zeit, bis wir Niedrigwasser haben und ich im Watt nach Flugzeug und Besatzung sehen kann - sie reicht, dich mit der *Annemarie* weit hinaus aufs Meer zu bringen, wo du ins Ruderboot steigst. Was meinst du?"

„Habe auf diesen Moment gewartet", sagte Jelle Goldhagen, packte noch ein paar Sachen zusammen und verabschiedete sich mit feuchten Augen von Anni und Swantje. Kurz darauf verließen Jelle und Ricklef im Schutz der Dunkelheit die Hallig. Eine starke

Strömung und frostige Winde aus Nordost brachten den Ewer schnell aufs offene Meer.

Sternklar und eisig war die Nacht, in die das Schiff eintauchte. Die Kälte paarte sich mit einer beklemmenden Stille, in der auch die Seevögel schwiegen. Während der Fahrt hielt sich Jelle im Ruderhaus auf, trank wortlos ein Heißgetränk nach dem anderen und überließ sich seinen Gedanken und Träumen. Weit draußen auf See nahmen die Männer Abschied. Still umarmten sie sich. Als Jelle bei hellem Mondschein ins Ruderboot stieg und die nach Tang und Salz schmeckende Luft einatmete, ließ eine starke Dünung das kleine Boot, dem nun der junge Mann sein Leben anvertraute, in Gischt bedeckten Wassern schlingern. Verwundert sah Ricklef noch, wie Jelle David Goldhagen seinen Oberkörper in einem tanzend wiegenden Rhythmus nach vorn und zurück bewegte, als wäre ein ferner Wind in seine Glieder gefahren. Wenig später verschwanden Mann und Boot in einer schwarzgrünen Masse, in der Himmel und Meer ohne Übergang zusammenflossen. Auf der Rückfahrt zur Hallig dachte Ricklef immer wieder an Jelles wunderliche Bewegungen. Während seine Pfeife zarte Rätsel in die Luft malte, schaute er in den von Sternen übersäten Nachthimmel, als suchte er dort nach einer Deutung oder einem erklärenden Zeichen. Erst Jahre später sollte er verstehen, wie eine Notiz in seinem Logbuch verrät, dass mit dem, was Jelle tat, fromme Juden ein Gebetsfenster öffnen.

Auf Backenswarft empfing Käpt'n Petersen eine zutiefst erregte Anni. Sie hatte erfahren, dass der große Ausflugsdampfer *Kraft durch Freude*, die *Wilhelm Gustloff,* am 30. Januar fünfundvierzig von einem russischen Torpedo getroffen und gesunken sei. Unzählige Flüchtlinge aus dem Osten seien im eisigen Wasser umgekommen. „Ist das nicht schrecklich?", sagte Anni und sah Ricklef aus traurigen Augen an.

Als der nur stumm nickte, sprach sie mit ängstlich besorgter Stimme, dass sie seit seiner Abfahrt unablässig an Jelle Goldhagen denken müsse. „Ob er's wohl schafft und durchkommt? Was glaubst du, Ricklef?"

„Schwer zu sagen …" Ricklef hielt inne und sah Anni nachdenklich an. Dann sprach er in einem fast flüsternden Ton:

„Als er ins Ruderboot stieg … mondhell war's auf dem Wasser, als würde der Himmel aus dem Meer leuchten … da sah ich Jelle noch Bewegungen machen, die mich merkwürdig berührten … Und da, Anni, bevor die Nacht ihn verschlang und ich ihn aus den Augen verlor, durchströmte mich für Augenblicke die Gewissheit, dass er es schafft und wir ihn wiedersehen, wann immer es auch sein mag."

Ricklef nahm Anni, die ihn, während er sprach, aus feuchten Augen angeschaut und ihm regungslos zugehört hatte, in den Arm und schwieg. Still sann er darüber nach, was für ein sinnfälliges Zeichen es doch sei, dass die *Gustloff* auf den Tag genau zwölf Jahre nach der Machtergreifung Hitlers untergegangen war. Wer hätte sich diese Katastrophe vorstellen können, als das Schiff im Jahr sechsunddreißig vom Stapel lief, dachte er, und war überzeugt, dass Ole Onken, was hier in eisiger Kriegsnacht geschah, als Zeichen für den Untergang des NS-Staates verstanden hätte.

28. Magnetminen

„Du bist lange weggeblieben, Ricklef", sagte Anni nach einer Weile und befreite sich aus der Umarmung, um sich und Ricklef einen Kaffee zu machen.

„Hannes Boysen hat schon nach dir gefragt. Der Kommissar hat ihn angerufen", sagte er. „Er soll mit dir ins Watt gehen und nach dem abgestürzten Bomber sehen ... Ich hatte einige Not, ihm irgendwie plausibel zu machen, warum du nicht da bist."

„Hast du ihn überzeugen können?", fragte Ricklef und stand auf, ohne Annis Antwort abzuwarten, um sich für den Gang ins Watt umzuziehen.

„Ich glaube schon", sagte sie, die überrascht, dass Ricklef den Frühstückstisch schon verlassen wollte, noch feststellte:

„Du hast wenig gegessen. Du wirst Hunger kriegen."

„Es war genug, Anni. Aber mach mir noch ein Brot für unterwegs, während ich in den Watanzug steige. Will dann los. Möchte Hannes nicht länger warten lassen."

Erste Lichtstreifen der Morgendämmerung überzogen das Watt, als Käpt'n Petersen und Hannes Boysen aufbrachen. Wortlos durchwateten sie im frostigen Lufthauch des frühen Tages kleine wasserreiche Senken und Löcher und erreichten nach gut einer Stunde die Absturzstelle.

„Von der Besatzung keine Spur", meinte Hannes Boysen in einem Ton, der Erleichterung verriet.

„War auch nicht anders zu erwarten, Hannes. Die hatten doch noch genug Wasser und sind längst weg mit dem Schlauchboot", sagte Ricklef und kroch ins Cockpit, wo er ein großes Durcheinander von Karten und Dokumenten vorfand. So also sieht's aus nach einem Absturz, dachte er und schien verwundert, dass nichts vernichtet war, als ihm Militärkarten in die Hände fielen, in die Flurnamen, Meerestiefen und Priele eingetragen waren.

„Die müssen es verdammt eilig gehabt haben", sagte er zu Hannes gewandt, der ihm ins Flugzeug gefolgt war.

„Ja, sieht nach einem fluchtartigen Aufbruch aus. Als hätten sie befürchtet, nach der Notlandung abzusaufen."

„Die sind bestimmt auf Norderoog, Hannes, sitzen vielleicht im Holzcontainer des Vogelwarts, wo's einige Konserven gibt. Oder sind längst weiter."

„Warum Norderoog, Ricklef? Vielleicht sind sie Richtung Festland und auf Pellworm – wäre doch auch möglich – oder?"

„Schau her, Hannes!"

Ricklef zeigte ihm eine Karte von Schleswig-Holstein, die er im Durcheinander gefunden hatte und auf der die Vogelhallig eingekreist war.

„Darum Norderoog! Verstehst du? Das hat jemand nach dem Absturz in die Karte reingemalt, der sich hier auskannte", mutmaßte Käpt'n Petersen.

Als die beiden in den hinteren Teil des britischen Bombers kamen und zwei große Metallkörper aus Stahl entdeckten, hörte Hannes Boysen Ricklef mit gedämpfter Stimme sprechen:

„Donnerwetter! Das sind Magnetminen, geladen mit Sprengstoff. Was sagst du dazu?! Sind an die zwei Meter groß, die Dinger."

„Das erklärt ihre überstürzte Flucht", rief Hannes Boysen und sah Ricklef erschrocken an. „Die Männer hatten vielleicht Angst, sie könnten samt Maschine in die Luft fliegen und haben sich darum so schnell aus dem Staub gemacht."

„Glaub ich nicht, Hannes. Die Dinger sind ja nicht scharf gemacht …

Ich muss jetzt zurück zur Hallig, will Brodbeck Bescheid geben und ihn später auf Hooge in Empfang nehmen und zur Absturzstelle führen … Du, Hannes, sollst hierbleiben und Wache halten. Das ist Befehl vom Kommissar. Ich lass meinen Karabiner bei dir. Keiner darf ins Flugzeug, hat er gesagt."

Zurück auf der Backenswarft rief Ricklef den Zollrat an, konnte aber Kommissar Brodbeck nicht mehr erreichen, der mit drei Männern vom Aufräumkommando schon auf dem Weg nach Hooge war, wie ihm ein Vertreter vom Zollrat mitteilte, der sich mit Olav Müller vorstellte. Als Ricklef berichtete, dass sie Magnetminen gefunden hätten, die entschärft werden müssten, gab der Mann vom Zoll Ricklef zu verstehen: „Magnetminen? Das gibt's doch nicht, Käpt'n Petersen. Haben Sie sich da nicht getäuscht?"

„Ich bin ganz sicher und bestehe darauf, es sind Magnetminen", schrie Ricklef erbost. „Für wen halten Sie mich?"

„Regen Sie sich nicht auf, Käpt'n. Der Kommissar ist auf dem Weg zur Absturzstelle. Dann kriegen wir das ja genau zu wissen!"

Während Käpt'n Petersen auf die Ankunft von Kommissar Brodbeck wartete, bekam Hannes Boysen an der Absturzstelle unerwarteten Besuch. Arne Johannsen, der Vater von Okke, der auch bei der Flugwache war, stand plötzlich vor ihm und wollte ins Flugzeug.

„Tut mir leid, Arne", sagte Hannes. „Aber ich darf hier keinen reinlassen. Befehl vom Kommissar."

„Na komm schon, Hannes. Du weißt doch, dass ich in der Partei bin und ein Freund des Kommissars. Stell dich nicht so an."

„Arne, schau her!" Hannes Boysen wies auf seine K98. „Wenn du nicht gleich wieder gehst, schieß ich dir paar Löcher in den Bauch. Entweder – Oder! Es ist Krieg."

Schon wollte Arne zähneknirschend beidrehen und wieder gehen, als Hannes seinen Kopf schief legte, lauthals lachte und nach einer kurzen Pause meinte: „War nicht so gemeint, Arne. Wollte meinen Spaß haben und dir einen Schrecken einjagen. Sieh dir meinetwegen das scharfe Zeug an, das wir gefunden haben. Aber halt den Mund. Sag niemandem etwas. Und schon gar nicht dem Kommissar. Versprochen?"

„Kein Sterbenswörtchen", erwiderte Arne, legte seine Hand auf den Mund und ging ins Flugzeug. Als er nach wenigen Minuten wieder draußen war und Hannes Boysen ihn fragte, „na, was sagst du nun?", da schien der Alte völlig verdattert und nuschelte unverständliches Zeug, von dem Hannes nur „Nun geh ich ab zur Front" verstand, schlug dann strammstehend die Hacken zusammen und verließ mit einem „Heil Hitler" die Absturzstelle.

Als Kommissar Brodbeck auf Hooge ankam, nahm Käpt'n Petersen ihn am Anleger in Empfang und ging mit ihm zur Backenswarft, während die drei vom Aufräumkommando auf dem Zollschiff blieben. Anni empfing den Kommissar in der Küche mit einem kleinen Frühstück, zu dem sie ihm einen Tee anbot.

Nachdem er mehrere Schluck Tee getrunken und das Aroma des Heißgetränks sichtlich genossen hatte, überschüttete er Anni mit Komplimenten und fragte sie:

„Nun sagen Sie mal, Anni - ich darf doch *Anni* sagen - darf ich?!"

„Wenn Sie meinen, Herr Kommissar."

„Ja, sagen Sie mal, Anni, wo in aller Welt haben Sie bloß den guten Tee her? Der ist ja absolut köstlich. Eine flüssige Wohltat. Dieser Duft in der Nase, der Geschmack auf der Zunge. Dazu das leise Klirren der Kluntjes. Das ist der Geschmack, der in bitteren Kriegsjahren noch die Lebensgeister wecken kann. So'n Tee ist in Husum schon seit Langem nicht mehr zu kriegen."

Anni, überrascht, mit dem sonst so barschen, ungehobelten und befehlsgewohnten Kommissar einen geradezu empfindsamen Liebhaber und Genießer von Tee vor sich zu haben, winkte ab und meinte nur: „Woher ich den Tee habe? ... Ist 'ne lange Geschichte ... Kann sie aber in zwei Sätzen zusammenfassen: Wir sind sparsam gewesen. Und mein Mann hat gut vorgesorgt."

Annis Gesicht überzog ein verschmitztes Lächeln, das Brodbeck wahrnahm. „Na, Anni, da ist doch etwas, was Sie mir verheimlichen - stimmt's?", sagte er. „Wollen Sie mir nicht sagen, woher Sie den Tee haben?" Anni schwieg.

Ricklef, der bis dahin still geblieben war, staunte, wie höflich, ja geradezu galant sich der Mann plötzlich gab, der sonst keine Miene verzog und kein Pardon kannte. Der Kerl weiß natürlich, dass der Krieg verloren und bald aus ist und will sich vermutlich lieb

Kind bei den Leuten machen, dachte Ricklef im Stillen und wechselte das Thema:

„Was ich noch melden möchte, Kommissar ... Von der Besatzung keine Spur ... Boysen und ich sind aber im britischen Bomber auf zwei Magnetminen gestoßen."

„Ja, habe schon aus dem Zollamt davon gehört, Petersen. Kann das kaum glauben. Flunkern Sie auch nicht?", rief Brodbeck und zwinkerte mit den Augen.

„Nein, das ist die ganze Wahrheit, Kommissar. Ich spinne nicht. Dass uns der Engländer im nordfriesischen Watt mit zwei Magnetminen begrüßt, würde selbst den Führer überraschen ... meinen Sie nicht auch?", erklärte Käpt'n Petersen und brach in schallendes Gelächter aus, das Brodbeck mit einem krummen Grinsen quittierte.

Als nach zwei Tagen der Flugzeugheber kam, hatte man die Magnetminen entschärft und den Bomber mit einem Kran an Deck gehievt und nach Husum gebracht, wo er repariert und bald darauf mit einem Hakenkreuz versehen zu Feindflügen nach England in den Himmel geschickt wurde. Sei dann aber, wie's später hieß, erneut abgeschossen worden.

Siebtes Kapitel

29. Heimkehr

Nach seiner Flucht warteten die Petersens auf ein Lebenszeichen von Jelle Goldhagen. Sie hofften zeitnah auf eine Nachricht. Doch als Mai fünfundvierzig mit der Kapitulation Deutschlands der Zweite Weltkrieg ein Ende fand und sie noch immer keine Nachricht von ihm hatten, befürchteten Ricklef und Anni, dass er die Flucht nicht überlebt hatte. Gleichwohl gaben sie die Hoffnung nicht auf. Über die Britische Militärregierung, der Schleswig-Holstein im Nachkriegsdeutschland von den Siegermächten unterstellt wurde, suchten sie etwas über Jelles Geschick in Erfahrung zu bringen. Als das ergebnislos blieb und weitere Monate wie Wasser im Gezeitenstrom verebbten und sie alle Hoffnung, etwas von ihm zu hören, allmählich aufgaben, klingelte Ende Juli fünfundvierzig bei den Petersens das Telefon. Sie erhielten einen Anruf, der sie aus der Fassung brachte.

„Nicht erschrecken. Ich bin's", hörte Anni eine müde, erschöpfte Stimme sagen.

„Kai-Uwe!", schrie sie entgeistert. „Junge, bist du es? Du lebst?!"

„Ja, ich habe überlebt. Bin nach einem schrecklichen Gemetzel in amerikanische Gefangenschaft geraten und entlassen worden."

„Und wo bist du jetzt? … Warum sagst du nichts? … Kai-Uwe, bist du noch da?"

Anni hörte nur noch ein Besetztzeichen. Wie gelähmt hielt sie den Hörer in der Hand, bevor sie am ganzen Leibe zitternd wieder auflegte. Das kann doch nicht wahr sein!, dachte sie und kniff sich in den Arm, um sich zu vergewissern, dass sie nicht träumte. „Es war die Stimme meines Jungen. Ganz bestimmt. So leise, erschöpft und brüchig sie klang. Er war's", sprach sie zu sich selbst.

Kurze Zeit später meldete sich Anni über Funk bei Ricklef, der in Husum auf Einkaufstour war. Als er die gute Nachricht hörte, die er kaum glauben konnte, war er bemüht, so schnell wie möglich seine Einkäufe zu erledigen, um wieder nach Hooge zu kommen. Danach warteten die Petersens tagelang auf eine Nachricht von Kai-Uwe. „Warum meldet er sich nicht?", fragten sich Anni und Ricklef immer wieder. „Wo mag er jetzt sein? Ist er vielleicht verwundet? Oder krank geworden? Muss er vielleicht Umwege machen und Wartezeiten in Kauf nehmen, weil die Verkehrswege im Lande zerstört sind?"

Für die Petersens wurde das Warten auf eine Nachricht von Kai-Uwe zur Qual. Drei Tage dauerte es, bis er vom amerikanischen Gefangenenlager bei Remagen in Husum ankam. Endlos erschien ihnen jede Tag- und Nachtstunde, die sie warten mussten. Doch am vierten Tag nach Kai-Uwes Anruf meldete sich überraschend Kommissar Brodbeck über Funk. Er habe eine kostbare Fracht für die Petersens an Bord, sagte er, und dass sie staunen würden. In einer Stunde sei er auf Hooge. Sie sollten zum Anleger kommen, um die „Fracht", die er an Bord habe, in Empfang zu nehmen. Mehr sagte er nicht und beendete das Gespräch, bevor die Petersens Näheres erfragen konnten.

Die See glich im wolkenlosen Mittagslicht einer rauen Silberplatte, als das Schiff vor Hooge in Sichtweite war und Anni, Ricklef und Swantje eine Gestalt erkennen konnten, die ihnen zuwinkte. Es war Kai-Uwe. Was für ein Wiedersehen, nachdem das Schiff am Anleger festgemacht hatte. Minutenlang lagen sich die vier Petersens mit Freudentränen in den Armen, während Kai-Uwe halblaute Seufzer zwischen blassen Lippen hervorstieß – – –

Als Anni Kommissar Brodbeck bemerkte, der das Schiff verlassen hatte und wenige Meter von den Petersens entfernt stehen geblieben war, rief sie: „Kommen Sie, Kommissar, noch auf einen Tee zu uns?"

„Bin kein Kommissar mehr, Anni", antwortete Brodbeck und gab ein schmerzhaftes Lachen von sich. „Musste beim Wasserschutz aufhören ... Bin im Augenblick sowas wie 'n Hafenmeister auf Probe in Husum."

Anni und Ricklef warfen sich vielsagende Blicke zu.

„Komme, wenn's recht ist, etwas später", erklärte Brodbeck. „Muss zuvor noch was auf Hanswarft erledigen. Danach bin ich gern bei Ihnen ... Ich weiß ja, wie vorzüglich der Tee ist, den Sie machen."

Anni schaute ihn überrascht an.

„O ja, Anni, unvergessen ist mir das fantastische Aroma des Tees von damals ... Sie sind mir übrigens noch eine Erklärung schuldig. Wissen Sie das? Woher Sie den herrlichen Tee haben, den ich bei Ihnen trinken durfte. Ihr verschmitztes Lächeln, als ich danach fragte, ist mir noch in Erinnerung. Irgendetwas haben Sie mir damals verheimlicht. Also das müssen Sie mir noch erzählen. Versprochen?"

„Ja, versprochen", sagte Anni. „Der Krieg ist ja vorbei."

„Ja, der Krieg ist vorbei", wiederholte Brodbeck mit verhaltener Stimme, wobei sich seine buschigen Augenbrauen zusammenzogen und die Stirn in Falten legte.

Zurück auf Backenswarft, im vertrauten Zuhause, erzählte Kai-Uwe unter Tränen, wie er das Gefecht überlebt hat, in dem die Amerikaner einen Trupp von mehr als hundert deutschen Soldaten niedergemacht hätten. Stundenlang habe er bewegungslos in einem Erdloch gelegen, weil die Amis unablässig auf alles schossen, was sich noch bewegte. Obwohl hungrig, wagte er sich nicht zu rühren und von dem mitgenommenen Brot zu essen. Einige seiner toten Kameraden wären, immer wieder von Salven getroffen, wie ein Sieb durchlöchert gewesen, beschrieb Kai-Uwe seine desolate Lage. Erst nach Stunden, als die Nacht hereinbrach, sei das Feuer eingestellt worden – – –

Danach hätten ihn die Amerikaner völlig entkräftet aufgefunden und in ein von einem Stacheldraht umschlossenes Gefangenenlager längs des Rheins gebracht. Die Versorgung und Unterbringung in den Wochen bis Kriegsende wären entbehrungsreich gewesen. Nicht wenige Gefangene seien im Lager an Unterernährung und Erschöpfung gestorben. Er habe nur Glück gehabt, das Gemetzel und die Gefangenschaft überlebt zu haben.

Kai-Uwe hatte sich in sein Zimmer zurückgezogen, um sich erstmal richtig auszuschlafen, und war, schnell eingeschlafen, in eine Flut von Traumbildern eingetaucht, als Brodbeck nach gut zwei Stunden vor der Tür stand. Anni führte ihn in die Küche, wo Ricklef saß, schenkte ihm Tee ein und stellte eine Buddel geelen Köm dazu mit den Worten, dass er sich bedienen und so viel nehmen solle, wie es ihm beliebe. Wenig später ergriff Käpt'n Petersen grinsend das Wort und lüftete das zuvor wohlbehütete Geheimnis um die Herkunft des Tees. Ricklef stopfte sich noch eine Pfeife und steckte sie, ohne sie zu entzünden, in den Mundwinkel, bevor er anfing zu erzählen:

Als er die Genehmigung bekam, Versorgungsfahrten für die Gemeinde im Krieg zu machen, sollte er sich verpflichten, jede Woche einmal nach Japsand, Norderoogsand und möglichst auch nach Süderoogsand zu fahren, um zu kontrollieren, ob da Minen liegen oder Leichen angeschwemmt waren. Eines Tages sei der zwölfjährige Sohn seines Bruders zu ihm gekommen und sagte, er habe auf Japsand etwas entdeckt. Das würde silbrig in der Sonne glitzern, sei kantig und rage aus dem Sand. Da er's für eine Mine hielt, wagte er nicht, näher ranzugehen.

„Als ich an den Ort kam, den er mir beschrieben hat, fand ich aber keine Mine, sondern eine Kiste mit Holzverschlag, die bis zur Hälfte im Sand versackt war. Ich grub sie aus und las auf dem Verschlag die Worte ‚Darjeeling aus dem Himalaya'. Zehn Kilo Tee waren das. In blankes Papier gewickelt. Der größte Teil davon war noch gut genießbar. Den nahm ich mit, behielt einen Teil und verteilte das Übrige an die Hooger."

„Donnerwetter", rief Brodbeck.

„Was für 'n Fund! Den hätten Sie vor Kurzem noch dem Zollamt melden müssen, Käpt'n."

„Für uns auf der Hallig ist das Angespülte von jeher Strandgut, das dem Finder gehört und uns hier draußen schon oft aus mancher Not geholfen hat", erwiderte Ricklef.

„Na ja, schon gut, Käpt'n. Der Krieg ist ja vorbei. Und anderes auch. Ist gut so - oder?"

Ricklef schwieg peinlich berührt, wie nachsichtig und freundlich sich jetzt der Mann gab, der in brauner Uniform knallhart und allseits gefürchtet gewesen war und damals auf seinem Zollschiff kein Pardon kannte.

30. Die Postkarte aus Jaffa

Nach Kai-Uwes Heimkehr normalisierte sich bei den Petersens der Alltag. Swantje besuchte in Husum wieder den Unterricht in der Theodor-Storm-Schule, den sie in den Kriegsjahren unterbrochen hatte, während Kai-Uwe mit seinem Vater auf der *Annemarie* das Wattenmeer befuhr und Einkäufe in Husum machte. Groß war nach dem Krieg der Bedarf an notwendigen Dingen und entsprechend umfangreich die Liste der Bestellungen, die Vater und Sohn von den Hoogern mitbekamen und in der Stadt am Meer, von Straße zu Straße eilend, gewissenhaft abarbeiteten, gern gesehen bei Thams & Garfs, Hagge & Schuster oder Kähler & Cohrs, Schierholz und Topf.

Anni und Ricklef waren erleichtert und dankbar, den Krieg überlebt und Kai-Uwe zurück zu haben. Doch trübte die Sorge um Jelle David Goldhagen ihr Halligleben. Woche um Woche verging und Monat um Monat, ohne von ihm zu hören. Der Gedanke, einer müsse gehen, damit ein anderer kommen kann, wie sie's erneut erlebten, vermochte sie nicht zu trösten. Sie konnten den jungen Piloten einfach nicht vergessen. Und dass selbst ihr tot geglaubter Sohn lebte und heimgekehrt war, stärkte sie in der Hoffnung, dass dann auch Jelle Krieg und Flucht überlebt haben könnte. Und so warteten sie weiterhin beharrlich auf ein Lebenszeichen von ihm.

Eingedenk des nächtlichen Gesprächs, in dem Jelle sagte, er wolle, wenn er den Krieg überlebte, nach Palästina gehen und in einem Kibbuz leben und arbeiten, waren die Petersens bemüht, so viel wie möglich über Palästina und die politische Lage in Erfahrung zu bringen. Irgendwie hatten sie das Gefühl, ihm so ein wenig näher zu sein. Doch was sie an Nachrichten zu hören und zu lesen bekamen, war wenig dazu angetan, sie zu beruhigen. Von erbitterten Kämpfen zwischen Juden und Arabern wurde berichtet und von der unerträglichen Lage jüdischer Flüchtlinge, die den Holocaust überlebt hatten und in Lagern warteten, nach Palästina gebracht zu werden.

Mit Aufmerksamkeit verfolgten die Petersens die Nachrichten über die Zionistische Weltkonferenz in London im September fünfundvierzig, auf der die Delegierten hunderttausend Zertifikate für die Einwanderung nach Palästina forderten und zum ersten Mal einen jüdischen Staat; und Chaim Weizmann, der Präsident des zionistischen Weltverbandes, in einer bewegenden Rede die Welt fragte, ob es zu viel sei, wenn nach dem Mord an sechs Millionen Juden die Überlebenden Zuflucht in einer jüdischen

Heimat suchten ... Die Juden, hieß es, wären entschlossen, trotzdem zu kommen, auch illegal einzuwandern, würde ihnen die Anzahl der Zertifikate nicht gewährt.

Als Anni dies alles hörte, fragte sie: „Was meinst du, Ricklef, könnte nicht vielleicht auch Jelle einer der Einwanderer sein, die auf ein Einreisezertifikat warten?"

Unsere Gesprächsrunde zur Dämmerstunde in Annemaries Friesenpesel hatte Käpt'n Petersen bis dahin aufmerksam, aber auch mit wachsender Ungeduld zugehört, wollte sie doch endlich wissen, ob nun der englische Pilot seine Flucht überlebt hat oder nicht, als Ipke Feddersen mit hochrotem Kopf das Wort ergriff und erklärte:

„Wisst ihr, dass die Geschichte der illegalen Einwanderung ihren Höhepunkt mit der *Exodus* im Jahr siebenundvierzig hatte? Und ..."

Ricklef fiel ihm ins Wort: „Ja, mit einem Dampfer, der vorher auf dem Mississippi fuhr mit nicht mehr als sechshundert Passagieren ... Die Hagana hatte ihn gekauft und mit Holz- und Stahlplatten verstärkt und *Exodus* genannt, um jüdische Menschen von Europa nach Palästina zu bringen."

„Die *Exodus* aber", fuhr Ipke fort, „hatte weit über viertausend Einwanderer an Bord. Alles Überlebende des Holocaust. Das Schiff war völlig überladen. Dennoch hisste man die blau-weiße Fahne mit dem Davidstern, verließ Südfrankreich und nahm Kurs auf Haifa ... Die *Exodus* stieß dann aber auf eine Seeblockade."

„Genau, Ipke. Die Welt hielt den Atem an", bestätigte Käpt'n Petersen mit ernster Miene und entnahm dem Beutel, den er immer bei sich trug, eine neue Pfeife, stopfte sie mit süßem Tabak und erklärte, nachdem er sie entzündet und mehrere Züge getan hatte:

„Das Schiff wurde von britischen Kriegsschiffen abgefangen, in heftige Kämpfe verwickelt und nach Haifa gebracht, wo's Juli siebenundvierzig ankam. Dort holte man die Emigranten mit Gewalt von Bord."

„Und verlud sie auf britische Frachter, die wieder Kurs auf Europa nahmen", erregte sich Ipke Feddersen. „Ein schreiendes Unrecht."

„Ja, ein schreckliches, ein trauriges Kapitel britischer Mandatsgeschichte in Palästina kurz vor ihrem Ende. Die etwas Gutes aber doch hatte", meinte Ricklef. „Es waren Mitglieder des *Sonderausschusses der Vereinten Nationen für Palästina* zu diesem Zeitpunkt auch in Haifa. Sie hatten alles mit angesehen. Was dazu führte, dass eben dieser UN-Ausschuss die Teilung Palästinas in einen arabischen und einen jüdischen Staat empfahl - - -"

Ricklef hielt inne und schaute nachdenklich in die Runde. Dann zog er eine vergilbte Postkarte aus der Innentasche seines Jacketts, hob sie einen Augenblick demonstrativ wie eine Siegerurkunde in die Höhe und legte sie auf den Kacheltisch, an dem wir saßen. Eine gespannte Stille durchflutete die Dämmerstunde im Friesenpesel, als Käpt'n Petersen in einem beinah feierlichen Ton erklärte:

„Ich habe, meine Freunde, eine Postkarte mitgebracht, die eine rätselhafte Odyssee hinter sich hat. Abgestempelt wurde sie schon im April fünfundvierzig, also noch vor Ende des Krieges. Leider hat der Stempel den Tag unkenntlich gemacht, an dem sie abgeschickt wurde. Zu sehen ist auf der Karte noch die vier des Monats und das Jahr. Uns aber erreichte sie erst über ein Jahr später, im Juni sechsundvierzig. Wir glaubten fast nicht mehr, dass es noch einen Jelle David Goldhagen gibt, der die Flucht überlebt hat. Und dass uns die Postkarte nach all der Zeit, die sie unterwegs war, überhaupt noch zugestellt werden konnte, ist erstaunlich. Schaut sie euch an! Sie sieht ganz mitgenommen aus, als hätte sie selbst viel erlebt und durchgemacht."

Ricklef reichte die Karte herum. Als sie bei mir war, sah ich, dass der Druck des Stempels die Briefmarke weitgehend unkenntlich machte, jedoch noch deutlich mit „Palestine" ihre Herkunft auswies. „Ariel Press Tel-Aviv" stand kleingedruckt auf der Karte, die braune Flecken und abgeknickte Ecken hatte und mehrfach eingerissen war.

„Sie muss, so wie sie aussieht, in die Wirren der letzten Kriegstage hineingeraten sein", sagte ich und las auf ein Zeichen von Käpt'n Petersen laut vor, was Jelle Goldhagen geschrieben hatte:

Lieber Käpt'n, liebe Anni!
Habe die Flucht überlebt. Die Nacht auf See zeigte mir ihre nackte Haut. Tief fraß sich die Kälte in meine Knochen. Das Meer roch nach Tod. Überließ mich aber keinen negativen Gedanken und Einreden. War dann aber doch, umarmt von eisiger Luft, kurz eingeduselt. Darüber erschrocken, entzündete ich in einem Eimer öldurchtränkte Lappen und wärmte mich. Trieb noch den ganzen nächsten Tag auf dem Meer, bis mich am Abend völlig erschöpft ein

englisches Fischerboot aus Great Yarmouth aufgefischt und gerettet hat. Bin jetzt in Palästina. Gruß Jelle Goldhagen

31. Jaffa-Apfelsinen

Groß war die Erleichterung bei den Petersens über die Nachricht, dass Jelle Goldhagen Flucht und Krieg überlebt hat. Nur zu gern hätten sie ihm zurückgeschrieben, wie sehr sie sich über seine Rettung gefreut haben, und ihm mitgeteilt, dass ihr totgesagter Sohn lebe und heimgekehrt sei. Da die Postkarte aber keine Adresse aufwies und sie ihm nicht antworten konnten, hofften die Petersens auf eine weitere Nachricht von Jelle. Doch bevor die sie erreichte, kam es im Nahen Osten zu Ereignissen, die tief in Jelle Goldhagens Leben eingreifen sollten:

Februar siebenundvierzig übergaben die Briten ihr Mandat und damit die Palästinafrage den Vereinten Nationen zur Entscheidung, die sich für die Teilung Palästinas in einen jüdischen und einen arabischen Staat entschieden. Im November desselben Jahres fand in der UNO die Abstimmung über den Teilungsplan statt, in der dreiunddreißig gegen dreizehn Stimmen für einen Staat Israel stimmten. Als daraufhin David Ben Gurion am 14. Mai achtundvierzig den Staat Israel ausrief und das Britische Mandat über Palästina endete, brach der jüdisch-arabische Krieg aus.

Ich erinnere mich, dass Käpt'n Petersen in unserer Dämmerstunden-Runde die große Bedeutung hervorhob, dass das jüdische Volk nach achtzehnhundertfünfzig Jahren der Zerstreuung unter den Völkern wieder in die staatliche Existenz getreten ist und nach dem Holocaust, in dem es vernichtet werden sollte, sichtbarer vor uns steht als je zuvor in der Geschichte. Weiß aber nicht mehr die Einzelheiten. Nur dies ist mir im Gedächtnis geblieben: Er nannte die Entstehung des Staates Israel *ein weltpolitisches Ereignis, dessen ganze Tragweite wir bis heute noch nicht wirklich erfasst hätten.*

Erst im Sommer achtundvierzig traf bei den Petersens eine weitere Nachricht von Jelle Goldhagen ein. Seinem Brief, den er geschrieben hatte, war eine Ansichtskarte von Jaffa beigefügt.

Jaffa, 15. August '48

Lieber Käpt'n, liebe Anni,
wollte längst geschrieben haben. Aber die politischen Ereignisse hielten mich dermaßen in Atem, dass ich nicht dazu kam. Lebe in Jaffa bei Tel Aviv, wo ich in einer der alten Gassen eine kleine Wohnung nah am Meer habe. –
Bin seit dem Ausbruch des jüdisch-arabischen Krieges bei der Hagana, die eine Luftwaffe aufgestellt und mich zu Flügen an die südliche Front beordert hat. Dass es zum Krieg gekommen ist, macht mich traurig und besorgt. Vermutlich wird die Welt den jüdischen Staat einmal nach dem beurteilen, wie er die Araber behandelt.–
Traurige Gewissheit ist, dass meine Großeltern nach Auschwitz deportiert wurden und dort umgekommen sind. Werde im Augenblick

nach allem, was ich erlebt habe, von zwei Gefühlen beseelt, vom Schmerz über die Vernichtung von Millionen Juden in den Todeslagern; und von der Hoffnung, dass es nach dieser Katastrophe, die über das jüdische Volk hereingebrochen ist, dem Staat Israel gelingt, die Reste unseres Volkes zu retten und zu einem Frieden mit den Arabern zu kommen. Ja, das ist es, was ich hoffe und wofür ich kämpfe. –
Dass ich die Flucht überlebt habe, ist ein Wunder. In meinen Träumen verfolgen mich noch immer die von Starkwinden aufgerührten Wasser, denen ich ausgeliefert war. In der eisigen Weite fühlte sich mein Leben an, als wäre es nicht mehr als ein Tautropfen. Bin seither bemüht, die Stunden und Tage, die ich erlebe, weniger nach ihrer Länge als nach ihrem Gewicht zu bemessen. Unvergessen ist, was Sie für den gestrandeten Piloten riskiert und getan haben. Wie mag es Ihnen gehen? Würde mich über eine Nachricht sehr freuen.
Schalom und Salam, Jelle Goldhagen

Käpt'n Petersen ging, da er nun um Jelles Adresse wusste, sofort daran, ihm auf seinen Brief zu antworten. Er schrieb:

Hallig Hooge, 20. August '48
Lieber Jelle Goldhagen,
groß war bei uns die Freude, als wir lasen, dass Du Flucht und Krieg überlebt hast. Wir waren sehr besorgt, da uns die Karte, die Du noch

kurz vor Ende des großen Krieges aus Palästina geschrieben hast, erst im Sommer sechsundvierzig erreichte. Dass Du erneut im Krieg stehst, ist bitter. Mögen die Kämpfe bald ein Ende haben. – Stell Dir vor, Jelle, unser totgesagter Sohn, Kai-Uwe, hat den Krieg überlebt und ist heimgekehrt. Wir haben, wie's aussieht, viel Glück gehabt. – – –

Ricklef unterbrach sein Schreiben. Ich weiß nicht, warum er den Brief nicht weiterschrieb, oder ihn so kurz, wie er war, nicht einfach abschickte. Fakt ist, dass Monate vergingen und der Brief erst Ende Januar neunundvierzig eine Fortsetzung fand:

Du fragst, Jelle, wie's uns geht. Nun, es gibt im Nachkriegsdeutschland viel Hunger. Aber wir hier draußen jenseits des Festlandes wollen uns nicht beklagen. Das Meer deckt noch immer unseren Tisch. Und das tut es in diesen Tagen auf höchst ungewöhnliche Weise. Einem Schiff ist bei schwerem Sturm im englischen Kanal eine riesige Decksladung von Apfelsinen über Bord gegangen, die bei uns angespült wurden. Auf Japsand, Norderoogsand, Süderoogsand, an allen Stränden, soweit das Auge reicht, leuchtete es gelb-orange. Alles Jaffa-Apfelsinen. Als Anni hörte, dass der Namensgeber für die Orangen „Jaffa" ist, da meinte sie, die Zitrusfrüchte wären ein Brotgeschenk von Dir.
Übrigens fragte Hermann Paulsen nach Dir. Er lässt Dich herzlich grüßen. War mit ihm auf Ein-

kaufstour und kamen natürlich auch auf das „Apfelsinenwunder" zu sprechen. So nannte er, was bei uns zurzeit in aller Munde ist. Auf Süderoogsand, sagte er, seien Tausende von Apfelsinen und an die hundert Kisten dieser Frucht angelandet. Zehn Kisten zu je hundert Pfund hatte er mit seinen Jungen auf den Wagen geladen. Dann aber sei plötzlich Seenebel aufgekommen und die Sonne verschwunden, sodass sie schnellstens den Heimweg antreten mussten. Wieder zurück auf der Hallig hätten ihnen die Apfelsinen, die sie mitnehmen konnten, dann ein wunderbares Fest beschert, erklärte er.

Einen Tag später kam mit dem Hochwasser erneut Sturm auf. Der machte dem Apfelsinenglück aus Jaffa ein Ende. Der Wind hatte sich gedreht und die Früchte wieder hinaus aufs Meer getrieben. Es war wie damals – Du wirst Dich erinnern – als uns ein Schiff im englischen Kanal eine Riesenmenge Holz bescherte, das Winde am folgenden Tag wieder zurück aufs offene Meer trieben.

Ich musste Dir vom Geschick der Jaffa-Apfelsinen erzählen, weil sie dank der Sonne Palästinas unsere Gemüter aufhellten.

Es grüßen herzlich Anni und Ricklef,
die sich freuen würden,
Dich einmal wiederzusehen.

32. Der Untergang der „Ormen Friske"

An jenem Abend zur Dämmerstunde, als Käpt'n Ricklef Petersen vom „Apfelsinenwunder" erzählte, brachte Ipke Feddersen uns noch ins Gespräch mit der Frage:

„Wie in aller Welt ist es nur zu verstehen, dass das Unglück der Schiffe, die in Stürmen und Turbulenzen auf See ihre Ladung verlieren, für uns auf den Halligen oft Brot und Leben bedeutet. So ist es doch in der Vergangenheit immer wieder gewesen?"

„Ich weiß", sagte Ricklef, „dass diese Frage auch Hermann Paulsen beschäftigt hat, wenn er zu seinen Jungen von den Havarien auf der Sandbank vor Süderoog sprach. Die sei für ungezählte Schiffe eine grauenerregende Todesbank gewesen, für die Hallig aber ein notwendiger Schutz, ja, ein rettendes Bollwerk, weil in ihrer Weite und Leere die Starkwinde der Orkane an Kraft verlieren."

Käpt'n Petersen hielt einen Augenblick inne, gab in aller Ruhe erneut seiner Pfeife Feuer, die erloschen war, und meinte dann:

„Warum das Unglück des Einen zum Glück des Anderen wird? ... Das ist für mich ein großes Geheimnis, seit der plötzliche Tod meines väterlichen Freundes Ingwer Brodersen es mir ermöglichte, meinem Berufswunsch zu folgen und zur See zu fahren."

„Ich glaube kaum, Ricklef, dass sich diese Frage schlüssig beantworten lässt", schaltete sich Hannes Boysen ein.

„Vermutlich nicht, Hannes, da magst du recht haben. Das alles lässt sich ebenso wenig fassen und verstehen wie der tragische Untergang der *Ormen*

Friske im Juni fünfzig, der mich heute noch schmerzlich berührt und nicht loslässt ... Erinnert ihr euch?"

Käpt'n Petersen gönnte seiner Pfeife eine Pause und schaute in die Runde. Seine Augenbrauen hatten sich zusammengezogen und seine Stirn lag in Falten, als er erklärte:

„Ich weiß das noch, als wäre es gestern gewesen. Am 21. Juni fuhr das Schiff, Nachbau eines alten Wikingerschiffes, durch die Deutsche Bucht hinaus auf die Nordsee und ging am folgenden Tage unter. Fünfzehn junge Sportler aus Schweden sind bei der Havarie ums Leben gekommen. Es traf uns alle wie ein Schlag."

Käpt'n Petersen griff nach seinem Krückstock, machte ihn zur Stütze seines Kopfes und schwieg. Seine Augen waren feucht geworden, als er den Kopf hob, sich aufrichtete und vom Traum der Ruderer sprach, den sie sich mit ihrer Fahrt erfüllen wollten: Es sollte die *Ormen Friske* zunächst in Rotterdam die Attraktion der Seefahrtsmesse sein und dann in Paris am 14. Juli, dem Nationalfeiertag der Franzosen, ein Zeichen setzen für die Völkerverständigung in Europa.

Ja, eine Tragödie sei's gewesen, erinnerte sich Hannes Boysen. Erst vier Tage nach der Havarie, am 25. Juni habe man den Schiffbruch bemerkt, als Tote und Wrackteile an den Stränden der Inseln und Halligen gefunden wurden. Fischer Liermann von Pellworm hatte die ersten Wrackteile entdeckt und den Wasserschutz und die Gesellschaft zur Rettung Schiffbrüchiger alarmiert. Die machten sich sofort auf die Suche nach Überlebenden. Zwischen den Sanden von Norderoog und Süderoog fand man das zerbrochene Achterschiff. Das habe anfangs zu der Annahme geführt, die Havarie wäre auf Norderoogsand geschehen. Als jedoch der Bug mit dem Drachenkopf auf Sylt gefunden wurde, das Mittelschiff auf Amrum und weitere Stücke auf den Sanden von St. Peter, da meinte man, das Unglück müsse sich nordwestlich von Helgoland ereignet haben.

„Das Unglück der *Ormen Friske*, so schrecklich es war, es verhalf uns zu einem unverhofften Wiedersehen", erklärte Ricklef. „Zum Zeitpunkt, als es geschah, wussten wir noch nicht, dass Jelle Goldhagen einige junge Sportler der umgekommenen Crew nicht nur kannte, sondern mit ihnen und ihren Familien eng befreundet war. Das erfuhren wir erst ein knappes Jahr nach der Havarie des Schiffes, im März einundfünfzig, als ich mit Anni am Turm der Alten Kirche von Pellworm stand, wo bei einer gottesdienstlichen Feier der Gedenkstein mit den Namen der Verunglückten enthüllt werden sollte, und plötzlich der Mann aus Jaffa auf uns zukam."

„Du bist es, Jelle! Welch eine Freude, dich wiederzusehen – so traurig der Anlass ist", rief Anni und umarmte ihn.

„Ich hatte im Stillen gehofft, euch hier zu treffen", lächelte Jelle.

„Aber warum hast du uns nicht geschrieben, dass du kommst?", fragte Ricklef, dem noch immer die große Überraschung anzumerken war, Jelle so unverhofft zu begegnen.

„Ich bekam erst kurz vor meinem Abflug in Tel Aviv die Genehmigung, dass ich reisen darf", erwiderte Jelle. „Wusste nicht, ob ich vom Dienst freikomme und an der Gedenkfeier meiner Freunde teilnehmen kann, deren Tod mich tief getroffen hat. Meine Absicht war natürlich, wenn ich reise, auch euch auf der Hallig zu besuchen. Möchte aber, bevor ich zu euch komme, in Stockholm meine Eltern wiedersehen und mit den Angehörigen meiner Freunde sprechen."

„Na klar, Jelle. Aber danach kommst du zu uns. Versprochen?"

„Ja, versprochen. Habe übrigens gestern nach meiner Ankunft einen Spaziergang zum Deich gemacht, zur Hallig hinübergeschaut und an die Zeit gedacht, die ich bei euch war … Kann aber nur zwei Tage bei euch bleiben. Dann ist mein Urlaubskontingent leider erschöpft, das mir die Hagana zugebilligt hat."

„Du weißt, wie sehr wir uns freuen, dich bei uns zu haben", sagte Anni. „Jetzt musst du dich nicht mehr verstecken."

Jelle nickte. Bevor er etwas sagen konnte, fragte ihn Ricklef: „Hast du eigentlich mitgekriegt, dass Hermann Neuton Paulsen im Februar dieses Jahres gestorben ist?"

„Nein, das hab' ich nicht gewusst. Tut mir sehr leid, besonders auch für seine Frau. Ihr wisst ja, wie viel ich ihm verdanke. Aber er war doch noch gar nicht so alt."

„Zweiundfünfzig ist er geworden. Wenn du willst, zeig ich dir sein Grab."

„Ja, natürlich … Aber schaffen wir das noch vor der Gedenkfeier?"

„Ist nicht weit von hier, Jelle. Dreißig Schritte landeinwärts liegt er begraben."

„Dann lass uns gehen. Schade, dass er die Einweihung des Gedenksteins nicht mehr erlebt hat, Käpt'n."

„Ja, er wäre bestimmt mit dabei gewesen. Der Untergang der *Ormen Friske* gehörte für ihn zu den außergewöhnlichen und tragischsten Havarien, die an unserer Küste geschehen sind. Das hat er immer wieder gesagt.

Die Sonne hing fingerbreit überm Meer, eine rötliche Scheibe zwischen Ipkenswarft und Westerwarft, als die Abendfähre am Hooger Anleger festmachte, die Jelle Goldhagen eine Woche nach seinem Besuch in Schweden zu den Petersens brachte. Er wirkte müde, ja geradezu erschöpft. Offensichtlich aber war es weniger die Fahrt von Stockholm auf die Hallig, die ihn angestrengt hatte, als die Gespräche bei den Angehörigen der auf der *Ormen Friske* umgekommenen Sportler. Denn als Anni ihm nach seiner Ankunft anbot, sich in Kai-Uwes Zimmer zurückzuziehen und erst einmal zu erholen, meinte er, dafür wäre später noch Zeit. Was er jetzt brauche, wären ein starker Kaffee und, sofern vorhanden, eine von Annis Porrenfrikadellen, auf die er in Jaffa öfter großen Appetit gehabt habe. Auch würde er gern Kai-Uwe näher kennenlernen und mit Swantje sprechen, die ja schon zu einer jungen Frau herangewachsen sei.

Doch beim Abendessen stellte sich nach kurzer Zeit heraus, dass für persönliche Gespräche und Erinnerungen an Jelles Kriegstage auf Hooge keine Zeit blieb. Die Petersens spürten, dass er das in Stockholm Erlebte verarbeiten musste und das Bedürfnis hatte, davon zu berichten. Als auch Kai-Uwe, vom Besuch des israelischen Piloten sichtlich angetan, sein Interesse signalisierte, etwas über den Untergang der *Ormen Friske* zu hören, erklärte Jelle

Goldhagen, dass die Angehörigen der havarierten Ruderer von der schwedischen Regierung sehr enttäuscht seien. Sie habe zu wenig unternommen, nach den Ursachen des Untergangs des Wikingerschiffes zu forschen, sagen sie. Darum gäbe es immer noch Streit darüber, bei dem die Meinungen weit auseinander gehen. Im Bericht des schwedischen Konsulats aus Hamburg an das Außenministerium in Stockholm hätten sich die Konsulatsbeamten von Beginn an sehr negativ über das Schiff und seine Besatzung geäußert. Eine Meinung, die die Angehörigen sehr betroffen gemacht habe. Der Konsul soll sogar die Frage gestellt haben, ob das Schiff überhaupt die technischen und personellen Voraussetzungen für eine derartige Fahrt gehabt habe. Auf offizieller Seite sah man darin die Ursache der Katastrophe.

„Aber wie hat man denn diese Kritik begründet?", fragte Kai-Uwe, der aufmerksam zugehört hatte.

„Die Kritik betraf das Material der Schiffskonstruktion", sagte Jelle. „Es war in Kiefer und nicht in Eiche gebaut worden wie das Gokstadschiff, das originale Wikingerschiff, das Archäologen 1880 ausgegraben haben. Die Besatzung erfuhr ebenfalls Kritik. Ihr wurde vorgeworfen, sie sei zu unerfahren gewesen. Diese Kritik an Schiff und Besatzung, die von der Presse sofort aufgegriffen und allgemein verbreitet wurde, belastet die Verwandten bis heute schwer."

„Es gibt aber noch weitere Faktoren, die für den Untergang des Wikingerschiffes verantwortlich gemacht werden", schaltete sich Ricklef ein. „Die hat das Wasser- und Schifffahrtsamt in Tönning zwei Wochen nach dem Unglück geltend gemacht. Es wies darauf hin, dass zur Zeit des Unglücks ..."

Kai-Uwe fiel seinem Vater ins Wort: „Ja Vadder, zur Zeit des Unglücks herrschte ein starkes Unwetter mit gewaltigen Wind- und Sturmstärken. Das haben wir doch hier bei uns hautnah erlebt. Ich weiß noch, wie schnell sich das Unwetter entwickelt hat. Das Wetteramt hat davor gewarnt."

„Genauso war's", sagte Ricklef. „Die gesamte Fischerflotte in der Deutschen Bucht ist gezwungen gewesen, aufgrund des Sturmes einen Nothafen aufzusuchen – – – Aber dann geschah noch etwas, was nur schwer einzuschätzen ist."

„Woran denkst du, Käpt'n?", fragte Jelle.

„Nun, als die *Ormen Friske* im Orkan versuchte, im Lee der Insel Helgoland in ruhigeres Wasser zu kommen, wurden Fliegerbomben aus großer Höhe auf die Insel abgeworfen. Vorwarnungen der Bombenabwürfe habe es nie gegeben, hieß es. Die Havarie des Schiffes, das in drei Teile zerbarst, könnte sich also bei dem Versuch, den Bomben zu entkommen, wenige hundert Meter vor der schützenden Reede Helgolands ereignet haben … In dieser Untersuchung wird die Schuld am Untergang der *Ormen Friske* nicht ausdrücklich bei Mängeln der Konstruktion oder der unerfahrenen Besatzung gesucht, sondern in einer Kombination von mehreren unglücklichen Umständen. In ihr kommt auch zum Ausdruck, dass das Schiff so seeuntüchtig nicht war, wie es in der Presse dargestellt wurde und dass die Schiffsführung ihrer Aufgabe durchaus gewachsen war."

Bis in die Nacht hinein hatte Jelle Goldhagen mit den Petersens über den Untergang der Ormen Friske gesprochen. Anschließend machte Kai-Uwe noch

Fotos mit seiner Retina von Kodak, die er vor Kurzem in Husum gekauft hatte.

„Zur Erinnerung, Jelle, an deinen Besuch", sagte Kai-Uwe, wobei ein Lächeln sein Gesicht überzog, aus dem Respekt und Sympathie für den Mann aus Israel sprachen.

Als es zur Nachtruhe ging und Anni ihn in Kai-Uwes Zimmer bringen wollte, erklärte Jelle, er hätte den Wunsch, die Nacht noch einmal auf der *Annemarie* zu verbringen und wie damals in der Koje zu schlafen. Anni sah Jelle Goldhagen überrascht an, hatte sie doch Kai-Uwe auf die *Annemarie* umquartiert, damit der Gast aus Israel in seinem Zimmer auf Backenswarft bleiben konnte.

„Ist das wirklich deine Absicht, Jelle?", fragte sie und meinte, als der bejahend nickte: „Nun ja! Wenn du das unbedingt willst, dann soll es so sein."

Unter einem Himmel, der sternenübersät war, begab sich Jelle zum Hafen, von Kai-Uwe begleitet, der sich noch, bevor er ging, mit einer Flasche Köm aus dem Eckschapp im Pesel versorgte. Und so war's nicht verwunderlich, dass viel Teepunsch floss, als sich die beiden jungen Männer auf der *Annemarie* noch in ein intensives Gespräch verwickelten, das erst am frühen Morgen mit den ersten Lichtstreifen am östlichen Horizont endete.

Zurück auf Backenswarft, warf sich Kai-Uwe müde und alkoholisiert, wie er war, auf sein Bett, konnte aber keinen Schlaf finden. Seine Gedanken waren noch ganz bei dem, was ihm Jelle Goldhagen in der Nacht über sich und sein Leben in dem jungen Staat Israel erzählt hatte. Der israelische Pilot strahlte etwas aus, was Kai-Uwe anzog. Er wusste nicht, was es war und konnte sich's nicht erklären, so sehr er darüber nachsann. Aber er spürte geradezu eine körperliche Zuneigung zu ihm, wie er selbst überrascht feststellte. Als er schließlich eingeschlafen, nach kurzer Zeit aber aus leichtem Schlaf wieder erwacht war, beseelte ihn die Vorstellung, wie schön es wäre, wenn er mit Jelle Goldhagen zusammenbleiben könnte. Und so träumte er im halbwachen Zustand vor sich hin, ihn zum Freund zu haben, nach Israel zu reisen und den Orient zu erleben.

Achtes Kapitel

33. Schalom und Salam

Wenig später sah man Kai-Uwe unter einem wolkenlosen Himmel auf der Warft in Annis Garten auf und ab gehen, bis er, auf die glitzernden Tropfen am Blitzableiter aufmerksam geworden, vor der reetgedeckten Kate stehenblieb. Fasziniert starrte er auf die kleinen, wunderlichen Gebilde, die der morgendliche Tau hinterlassen hatte, sah sie entlang der Leitung laufen und schon weit oben wie früh Gereifte ihren Lauf beenden und in die Tiefe fallen, wo sie sanft aufklatschend im Erdreich verschwanden. Minutenlang beobachtete er das Schauspiel, das sich seinen Augen bot, und er war verwundert über die Leichtigkeit und Sicherheit, die ihrem Laufen und Fallen innewohnte.

So intensiv Kai-Uwe im Garten alles wahrnahm, seine Gedanken kreisten immer wieder um Jelle Goldhagen, hoffte er doch im Stillen, bei ihm zu finden und mit seiner Hilfe zurückzugewinnen, was ihm der Krieg geraubt hatte - Festigkeit und Halt, Sicherheit und Selbstvertrauen. Nach seiner glücklichen Heimkehr schien lange Zeit alles gut. Er glaubte, Krieg und Gefangenschaft verkraftet und längst hinter sich gelassen zu haben. Aber eines Tages waren sie plötzlich da - die verstörenden Bilder der leblosen, hundertfach durchsiebten Körper seiner gefallenen Kameraden - und verfolgten ihn. Traumatische Albträume plagten ihn, führten in ihm ein Eigenleben und raubten ihm seine Selbstsicherheit. Schwer litt seine Seele unter dem Grauen der Bilder, die ihn Tag und Nacht heimsuchten. Er wollte sie vergessen, versuchte, sie zu verdrängen. Aber es gelang ihm nicht, so sehr er sich bemühte.

Verzweifelt, wie er war, hatte er angefangen, sich dem Alkohol hinzugeben, um die schrecklichen, ihn lähmenden Erinnerungen, wenn nicht los zu werden, so doch wenigstens zu betäuben. Er hatte sich zunächst auch erleichtert gefühlt, wenn er allein oder mit Freunden unbeschwert trinken konnte. Doch wurde ihm der Alkoholkonsum unbemerkt zur Sucht. Sein seelisches Gleichgewicht geriet aus den Fugen. Er kam aus der Spur, traute sich nichts mehr zu und war oft so mutlos und deprimiert, dass er glaubte, nichts mehr wert zu sein.

Aus seinen Beobachtungen, Gedanken und Träumen wurde Kai-Uwe herausgerissen, als Anni ihn im Garten bemerkte und in den Pesel rief, wo die Petersens sonntags frühstückten.

„Du bist schon auf, Kai-Uwe?“, sprach Anni, als er hereinkam.

„Hab’ mit dir noch gar nicht gerechnet. Wolltest du nicht länger schlafen?“

„Ja, das wollte ich, konnte aber nicht“, stieß Kai-Uwe zwischen den Lippen hervor und knirschte mit den Zähnen.

„Was ist mit dir?“, fragte Anni.

„Was soll mit mir sein?“, brummte er und verzog missgelaunt sein Gesicht.

„Nun Jung“, schaltete sich Ricklef ein, der schon am Tisch saß und die Zeitung beiseiteschob, „du bist wieder mal unwirsch und wirkst so fahrig, als wärst du ganz woanders. Und dies nicht erst seit heute. Wo bist du nur immer mit deinen Gedanken?! Hast wohl heut Nacht wieder mehr gesoffen, als dir guttut, und noch dicke Backen, wie?"

Kai-Uwe schwieg und wich einen Schritt zurück. Er schwankte ein wenig, dass es aussah, als würde er fallen, blieb aber aufrecht.

„Wir machen uns echt Sorgen um dich", sagte Anni und blickte tief bekümmert auf ihren Sohn, der nach der schlaflosen Nacht wie ein ungemachtes Bett aussah. „Du weißt, dass wir für dich da sind, Kai-Uwe, wenn du Hilfe brauchst."

Seit Längerem schon hatten Ricklef und Anni den Eindruck, dass mit ihrem Sohn etwas nicht stimmte. Denn immer öfter sahen sie ihn nachlässig gekleidet und unrasiert. Auch wirkte er unkonzentriert und tat sich schwer bei der Arbeit, wenn er mit Ricklef auf der *Annemarie* unterwegs war. Und dass sich seine Freundin von ihm getrennt hatte, war ihnen ebenso wenig verborgen geblieben wie sein Alkoholkonsum schon am frühen Morgen. Seit Kurzem aber erschien ihnen Kai-Uwe geradezu verstört. Ricklef und Anni machten ihrem Sohn keine Vorwürfe. Sie meinten zu wissen, dass es die Spätfolgen von Krieg und Gefangenschaft waren, die ihm zu schaffen machten und sein seelisches Gleichgewicht ausgehebelt hatten.

Als Anni ihn am Frühstückstisch fragte, ob er letzte Nacht denn noch lange mit Jelle Goldhagen gesprochen habe, meinte Kai-Uwe, der mit gesenktem Blick dasaß:

„Ja, ziemlich lange, fast bis zum frühen Morgen. Hab' viel gehört von ihm über Israel. Auch über seine Flucht. Er hat Mut bewiesen … Von mir wollte er wissen, wie ich Krieg und Gefangenschaft überlebt habe. Da hab' ich ihm alles von mir erzählt."

„Alles?", fragte Anni.

„Ja, alles", sagte Kai-Uwe, ohne aufzuschauen. „Fühle mich von ihm verstanden und würde gern mit ihm länger zusammen sein, am liebsten auch nach Israel reisen."

„Das kann ich verstehn", sagte Ricklef, hielt inne und wartete, bis Kai-Uwe den Kopf hob und ihn ansah, bevor er weitersprach:

„Hätte auch Lust, dort Land und Leute kennenzulernen. Jelle hat Anni und mich schon mehrfach eingeladen, ihn in Jaffa zu besuchen. Aber sich von der Frachtschifffahrt längere Zeit verabschieden, – nun ja, das fällt mir nicht leicht und dürfte, wie's aussieht, auch nicht so einfach sein …

Aber sag, Jung, hast du denn mit Jelle schon über deinen Reisewunsch gesprochen?"

„Nein, noch nicht", antwortete Kai-Uwe mit dünner Stimme, die versiegte, als sein Blick auf den gusseisernen Bilegger fiel. Das Bild des Mannes auf den Eisenplatten, der von einem Walfisch an Land gespien wird, war ihm von Kindheit an vertraut. Aber sooft er es gesehen, auch nachdenklich betrachtet hatte, irgendetwas war anders an diesem Morgen und berührte ihn seltsam. Und so machte er große Augen, als sein Vater sagte:

„Wenn du mir noch einen Augenblick Gehör schenkst, Kai-Uwe, dann möchte ich dich etwas fragen", sprach Ricklef, der spürte, dass sein Sohn mit seinen Gedanken von woanders zu ihm zurückkam.

„Ich möchte dich fragen, ob die Wünsche und Erwartungen, die du mit Jelle und einer Reise nach Israel verbindest, nicht eine Flucht sind, von dir selbst wegzulaufen?"

„Wie meinst du das?", fragte Kai-Uwe und sah seinen Vater überrascht aus missmutigen Augen an.

„Ich mein', ob du nicht zu viel von Jelle erwartest. Er wird die Probleme, die du dir im Krieg aufgesackt hast, nicht lösen können."

„Ich will das schaffen, Vadder."

„Ja, wäre großartig, Kai-Uwe, wenn du das packst. Will dir auch gern das Beste zutrauen. Wäre aber doch schade, wenn du am Ende vom Zusammensein mit Jelle enttäuscht bist, weil du mehr erwartet hast, als er geben kann."

Kai-Uwe schwieg, nippte ein wenig an der Teetasse, machte aber keinerlei Anstalten, etwas zu essen.

„Warum isst du nichts?", fragte ihn Anni.

„Hab' keinen Hunger."

„Du solltest aber etwas essen. Der Tag ist noch lang."

„Also Kai-Uwe", fuhr Ricklef fort, „wenn du meinst, die Sonne Jaffas könne zurechtrücken, was verrückt ist in deinem Leben und alles so machen, dass du mit neuem Lebensmut zurückkommst und wieder gut drauf bist, - nichts würde uns mehr freuen", sagte Ricklef und stopfte sich in aller Ruhe eine Pfeife, entzündete sie und las kurz darauf weiter in seiner Zeitung.

Als Jelle Goldhagen am späten Vormittag Kai-Uwe traf und die beiden erneut ins Gespräch kamen, schien der Mann aus Israel zu wissen, was den Hooger Jungschiffer umtrieb. „Na, Kai-Uwe? Wie sieht's aus bei dir?", sprach er. „War gestern ein gutes Gespräch, nicht zuletzt dank deiner Offenheit, mit der du von dir erzählt hast – wie du den Krieg überlebt hast und mit welchen Problemen du dich im Augenblick herumschlagen musst. Hab auch gespürt, wie groß dein Interesse an Israel ist. Also wenn du Lust hast, mich zu besuchen, – es würde mich freuen, dich bei mir zu haben. Ich könnte dir viel zeigen im Lande."

Wenige Monate nach Jelle Goldhagens Besuch auf Hallig Hooge saß Kai-Uwe im Flugzeug der El Al, überflog die Alpen und Inseln der Ägäis und gab sich beim Anblick lichtumrandeter Wolkenfetzen, die schwerelos den oberen Luftraum durchzogen, Träumereien hin, bis die Maschine an Höhe verlor und aus dem Meer ein riesiges Häusermeer wuchs – Tel Aviv, der Frühlingshügel. Minuten später landete er in Lod Airport, wo Jelle Goldhagen ihn mit Sarah, seiner Freundin, im warmen Licht des abnehmenden Tages erwartete und mit einem kleinen Strauß Anemonen begrüßte. Die Geschwindigkeit, mit der es alsdann Nacht wurde, und der Gebetsruf des Muezzin, den Kai-Uwe nach seiner Ankunft in Jaffa im Stimmengewirr der Altstadt zum ersten Mal hörte, hinterließen in ihm das befreiende und ihn tief berührende Gefühl, in einer Welt zu sein, die ihm erlaubt, alles Frühere, ihn Belastende zurückzulassen und sich neu zu erleben.

Eigentlich hatte sich Kai-Uwe vorgenommen, gleich nach seiner Ankunft den Eltern Nachricht zu geben, dass er gut angekommen sei. Doch verging eine Woche, randvoll mit neuen Eindrücken, und dann noch eine Woche, ehe er zum Schreiben kam. Da er sich aber über alles, was er sah und erlebte, Notizen gemacht hatte, gingen ihm die folgenden Zeilen rasch von der Hand:

An Modder, Vadder und Swantje,
die Lieben daheim,
nun wird's höchste Zeit, dass ich Euch schreibe und Ihr von mir Post bekommt. Hab viel gesehen und erlebt. Entrückt ist mir hier im Lande die Halligwelt. Jelles Freundin heißt Sarah und ist Araberin. Sie sieht gut aus, ist sehr freundlich und spricht auch Deutsch. Dank Sarah essen wir viel arabische Kost. Auch wenn wir unterwegs sind. Orientalisches Essen ist für mich aber immer noch gewöhnungsbedürftig. Habe mehrfach Durchfall bekommen und unruhige Nächte gehabt, in denen ich wenig Schlaf fand. Bekam aber von Sarah einen Tipp, wie damit umzugehen sei. Teeblätter des schwarzen Tees, sagte sie, solle man aufkochen, dann zerkleinern und den Sud mit Wasser einfach herunterschlucken. Das tat ich. War zuerst skeptisch. Aber es hat mir geholfen, meine Magen-Darmprobleme in den Griff zu bekommen. –
Wenn ich aus dem Fenster schaue, seh ich das Meer. Jaffa ist ein bemerkenswerter Ort. Jelle meint, hier sei der Wellenschlag der Jahrtausende zu spüren. Er weiß sehr viel, kennt sich auch in der Bibel aus, in der schon von Jaffa die Rede ist, und erzählte mir die Geschichte von Jona, der nach Ninive gehen und der Stadt predigen sollte, das aber nicht wollte und in Jaffa die Flucht übers Meer ergriff. Auf See war er dann aber in einen mächtigen Sturm geraten und ins Meer geworfen worden, wo ihn ein großer Fisch schluckte, der ihn nach drei Tagen wieder an Land spie. Hab', als ich das hörte, an

das Bild auf den Ofenplatten bei uns im Pesel gedacht. Merkwürdige Geschichte! Jelle meint, sie sei sehr tiefsinnig. Man könne sich selbst und seiner Bestimmung nicht entfliehen, sagte er. Ob nicht jeder Mensch wie Jona einen großen Fisch braucht, in dessen Bauch er, wenn's in ihm tost und stürmt, Schutz findet und bewahrt wird?
Habe hier im Lande schon viel gesehen. Schalom und Salam! heißt es in den Straßen und Geschäften Jaffas, Tel Avivs, Haifas … Ich glaube, kein anderes Wort in Israel wird so häufig gebraucht wie „schalom". Groß ist die Sehnsucht nach „Frieden". Doch der politische Konflikt zwischen Juden und Arabern ist im Alltag immer wieder spürbar. Jelle meint, es läge etwas in der Luft dieses Landes, das extreme Haltungen und Erscheinungen hervorruft. Extrem sei das Licht des Sommers. Extrem seien die Regenfälle im Winter. Und extrem, sagt er, sei auch der Zirkel aus Angst, Gewalt und Vergeltung, in dem Israelis und Araber leben.
Eine Woche bleibt mir noch bis zum Rückflug. Jelle will mir noch die Negevwüste zeigen. Hoffentlich erreicht Euch diese Post vor unserem Wiedersehen in einer Woche.
Bis dahin Schalom-Salam, Kai-Uwe

34. Die purpurnen Wasser

Anni und Ricklef hätten natürlich über all das hinaus, was Kai-Uwe im Brief geschrieben und sie mit großem Interesse gelesen hatten, noch gern gewusst, wie's ihm selbst geht und ob er sich mit Jelles Hilfe von seiner Alkoholsucht hat lösen können. Aber darüber sagte er nichts. Auch nach seiner Rückkehr wich er Fragen nach den Spätfolgen seines Kriegstraumas aus. Dass er darüber beharrlich schwieg und sich daheim mehr und mehr zurückzog, beunruhigte die Eltern. Nur selten erzählte Kai-Uwe noch von Israel. Aber wenn er's tat, sprach er von dem großen Erlebnis der Wüste im Negev und wie beglückt er aufgeatmet habe, als er in Jaffa wieder das Meer sah. Weil er Wochen, ja Monate nach seiner Rückkehr immer nur davon sprach und die Wüste in hellen, grellen Farben schilderte und behauptete, sein Name und seine Pläne seien in Wasser geschrieben - ohne zu erklären, was er damit meine -, glaubten Ricklef und Anni, ihr Sohn wolle mit den Worten *Wüste* und *Meer* seine innere Verfassung beschreiben. Sie wussten aus eigener Erfahrung, dass jede Landschaft auch einen Seelenzustand beschreibt und der Ort, wo man Kindheit und Jugend verbringt, prägender ist, als gemeinhin angenommen wird. Und die Landschaft, die Kai-Uwe in seinen frühen Lebensjahren geprägt hat, waren das Meer und der weite Himmel darüber.

Als Vater und Sohn einmal in Erwartung eines schweren Sturms im Steuerhaus der *Annemarie* zusammen waren, beendete Ricklef ihr Gespräch mit den Worten:

„Weißt du, Jung, ein Mensch kann die Probleme und Schwierigkeiten, die er hat, als Prüfung betrachten oder als Teil der menschlichen Lebensbedingungen, meinetwegen auch nur als Unglück. Im Grunde tut das nichts zur Sache. Was allein zählt, ist, was man aus seiner Krise macht."

Kai-Uwe schwieg, als er das hörte, verstand aber sofort, was sein Vater meinte. Zunächst sah es so aus, als würde es ihm gelingen, aus seiner Krise etwas zu machen. Er hatte in Jaffa gespürt, wie gut ihm die südliche Sonne und das Zusammensein mit Jelle und Sarah tat und reiste in den folgenden Jahren mehrfach nach Israel zu den beiden, die ihn als Freund des Hauses gern bei sich aufnahmen. Und sooft das geschah, kehrte er gestärkt und in sich gefestigt auf die Hallig zurück. Doch war die Besserung immer nur von kurzer Dauer, wie Anni und Ricklef erschrocken und schmerzlich feststellten. Denn wenige Wochen nach seiner Rückkehr war Kai-Uwe erneut den kupferhellen Tiefen von Teepunsch und Bier und ihren rauschhaften Welten verfallen. Und so kam es dahin, dass in ihm die Wüste von Sucht und Kriegstrauma wuchs.

Jahre vergingen, in denen sich die politische Lage für den jungen Staat Israel bedrohlich zuspitzte, nachdem Gamal Abd el-Nasser in Ägypten Staatspräsident geworden war und in der arabischen Welt die militärischen Fäden zog. Doch kurz vor Ausbruch des Sechstagekrieges im Jahr siebenundsechzig geschah es: Kai-Uwe hatte Sarah und Jelle Goldhagen erneut in Jaffa besucht und war wenige Tage zurück auf Hallig Hooge, als er den mentalen Druck, der seit Jahren auf ihm lastete, so schmerzhaft spürte, dass er sich, wo immer er war, auf See oder an Land, ausweglos umstellt erlebte. Angst hatte sich in ihm breit gemacht, schwarz und eisig wie die Nacht, in der ihn ein Gefühl von Einsamkeit und Verlorenheit heimsuchte, wie er es im Krieg erlebt hatte. Mit der Wüste aber wuchs in Kai-Uwe auch die Sehnsucht nach dem Meer. Es erschien ihm in seinen Träumen. Darin sah er die Wasser übersät mit Sternen, die wie Kristalle leuchteten. Er erlebte, ja fühlte das Meer, wie es rief, lockte und lächelte. Am Ende verging keine Nacht mehr, in der sich die See nicht hinter seinen Augen verlor.

Die Sehnsucht, von Sucht und Kriegstrauma befreit zu werden und Frieden zu gewinnen, hatte sich seiner bemächtigt, ihn von innen verzehrt und sein Herz so tief verwundet, dass er den Liebkosungen des Meeres und seinem Rufen nicht länger widerstehen konnte. Und so kam der Tag, an dem er keinen anderen Weg mehr für sich sah, als die Flucht zu ergreifen und Zuflucht in den Wassern des Meeres zu suchen.

Der Februarschnee war getaut. Einige hundert Möwen und Austernfischer sonnten sich am Ostufer der Hallig und flogen kreischend in die Höhe, als sich Kai-Uwe näherte. In der Ferne war auf Kirchwarft die Silhouette zweier Männer zu sehen, die ein Grab aushoben. Ohne auch nur im Geringsten zu ahnen, welche Bedeutung ihr Tun für ihn haben könnte, erreichte er Landsende und überließ sich den wechselvollen Farben des Meeres, über dem ein würziger Geruch aus Salz und Schlick lag. Er ging ohne Angst in die Nacht der Wasser, die über ihm zusammenschlugen.

Eine Schar von Möwen und Austernfischern erhob sich von jenseits des kleinen Sommerdeiches, hinter dem er verschwunden war, und stieg einer wirbelnden Wolke gleich mit großem Geschrei in den Mittagshimmel. Dann war es still – – –

Kinder hatten beobachtet, dass er sonntäglich gekleidet war. Gusche von Ockenswarft hatte ihn von ihrem Fenster aus in der Ferne noch gesehen. Sintflutartiger Regen setzte ein. Eine Küstenseeschwalbe vollführte geräuschvolle Sturzflüge. Am Ende war's, als wollte Kai-Uwe nur eine längere Ruhepause einlegen zwischen zwei Brechern im Gezeitenstrom, der kommt und geht, der gibt und nimmt.

Als tags darauf Ricklef, Anni und Swantje tief betroffen und schweigend zum Meer gingen und die Stelle aufsuchten, wo Kai-Uwe zuletzt gesehen worden war, da begann es bereits zu dämmern.

„Wisst ihr eigentlich", durchbrach Swantje das Schweigen auf ihrem Weg nach Landsende, „dass die Wasser, in die Kai-Uwe gegangen ist, ihm zuvor in seinen Träumen erschienen sind?"

„Davon wissen wir nichts", sagte Anni, die nicht überrascht war, dass Kai-Uwe nur seiner Schwester von diesen Träumen erzählt hatte. Sie wusste um das gute, freundschaftliche Verhältnis, das die beiden von Kindheit an hatten.

„In seinen Träumen sah Kai-Uwe das Meer übersät mit Sternen", sagte Swantje. „Wunderbar hätten sie auf den sanften Wellen ausgesehen und wie Kristalle geleuchtet. Als wären sie aus einer anderen Welt gekommen, aus der sie ihn riefen, lockten, ihm zulächelten. In seinen Träumen, sagte er, habe er mit dem Meer gesprochen wie einer mit seinem Freund redet."

Die Drei standen lange am Flutsaum des Meeres und überließen sich der Stille und den Farben der abendlichen Wasser, als Anni sagte:

„Ich muss an die Geschichte des Propheten Jona denken, die vor Jahren Kai-Uwe in seinem Brief aus Jaffa erwähnte. Erinnert ihr euch? Jelle hatte sie ihm erzählt. Ist ziemlich lange her. Das Geschick dieses Mannes muss Kai-Uwe bewegt haben. Denn als er von Israel zurück war, hat er mehrfach gesagt, seine Pläne und sein Name wären in Wasser geschrieben. Ob das so etwas wie eine Vorahnung war?"

„Ja, davon hat er gesprochen, habe es aber nicht wörtlich genommen", sagte Ricklef. „Sind nicht auch unsere, ja eines jeden Menschen Pläne und Namen in Wasser geschrieben? Wir wissen doch, dass nichts bleibt auf dieser Erde; und alles vergänglich und in Wasser geschrieben ist … Fakt ist, am Ende hat der Krieg unsern Jung doch noch geholt", sagte Ricklef, nahm Swantje links und Anni rechts in den Arm und schwieg.

Über Wellen und Möwen trieb der Abend gen Westen. Der Himmel war verhangen. Doch brach die untergehende Sonne mit Strahlen durch, die dem Meer einen rötlichen Glanz gaben. Auf dem Wasser bildeten sich Schaumkronen, blutrot gefärbt.

„Seht doch, rief Swantje mit bewegter Stimme. „Das Meer! Sieht es nicht aus, als würde der Himmel aus purpurnen Wassern leuchten? - - - "

35. Jelles Flugkünste

Als Jelle und Sarah in Jaffa die Nachricht erreichte, dass sich Kai-Uwe das Leben genommen habe, waren sie tief erschüttert und traurig. Am liebsten hätten sie sich gleich ins Flugzeug gesetzt, um nach Deutschland zu fliegen und bei den Petersens zu sein, mussten sich aber in Geduld fassen, da der Pilot der israelischen Luftwaffe aufgrund der politischen Lage kurz vor dem Sechstagekrieg keinen Urlaub bekam. Und so brachten Sarah und Jelle nur in einem Brief ihr Mitgefühl und ihren Schmerz zum Ausdruck über den Verlust eines guten Freundes, wie sie schrieben, und versprachen nach Hooge zu kommen, sobald es für sie möglich wäre. Wenige Wochen nach dem Sechstagekrieg aber konnten sie ihre Zusage wahr machen und besuchten die Petersens auf Hallig Hooge.

Es war ein fast windloser Spätsommertag im September, als Anni und Ricklef mit Jelle und Sarah im Pesel frühstückten. Sie saßen lange schweigend beieinander, bis Käpt'n Petersen ein Foto aus der Innentasche seines Jacketts zog, auf dem Jelle Goldhagen und Kai-Uwe zu sehen waren. Es war eine Aufnahme aus dem Jahr einundfünfzig, als der Pilot von Schweden kommend die Hallig besuchte. Ricklef betrachtete es einige Augenblicke und sagte dann:

„Salzwind und Pharisäer haben auf dem Foto Spuren hinterlassen. Habe es oft in die Hand genommen und angesehen. Musste es tun, wenn mich die Sehnsucht nach unsrem Jung umtrieb. Es bedeutet mir viel."

„Wie hätte sich Kai-Uwe gefreut, wenn er erlebt hätte, dass Jelle und Sarah bei uns auf der Hallig sind", sagte Anni, die das Foto mit feuchten Augen betrachtete.

„Ich erinnere mich an Kai-Uwe, als hätte ich gestern noch mit ihm gesprochen", sagte Jelle. „Habe, seit ich hier bei euch bin, das Gefühl, als müsste er jeden Augenblick in der Tür stehen. Und natürlich, die Wochen, die er bei uns in Jaffa war, sind mir unvergessen."

„War dir, Jelle, und dir, Sarah, als Kai-Uwe bei euch war, eigentlich etwas an ihm aufgefallen … Ich meine, was hingewiesen haben könnte auf das, was geschehen ist?", fragte Ricklef.

„Wir hatten schon gemerkt", sagte Jelle, „dass er von Zeit zu Zeit sehr still war und verschlossen. Ja, er wirkte bisweilen deprimiert und niedergeschlagen. Aber wenn ich ihn in Gespräche verwickelte, konnte ich ihn, glaub ich, wieder aufheitern. Er selbst hatte geäußert, dass er sich, wenn wir zusammen waren, wohl gefühlt habe. Es war nicht der Alkohol, der unsere Zungen löste. Ich habe ihn öfter herzhaft lachen hören. Aber klar, ich weiß: Man kann auch lachen, und das Herz ist traurig."

„Kai-Uwe ging gern allein zum Strand", sagte Sarah, „dort konnte er stundenlang sitzen. Vielleicht hatte er auch ein wenig Heimweh nach der Nordsee … Dass er aber so nah dran war und sich mit Leib und Seele dem Meer verschreiben würde, das hätte ich nicht gedacht … Er hatte doch so viele Pläne!? Wie war das nur möglich? … Es ist mir immer noch ein Rätsel."

„Ich glaube, Kai-Uwe hat geahnt, dass er nicht alt werden würde", sprach Jelle. „Er hat es selbst einmal gesagt. Ich weiß nicht mehr wann und bei welcher

Gelegenheit, aber gesagt hat er's. Das schreckliche Gemetzel im Krieg, ja, er hat's überlebt, aber es hinterließ eine offene Wunde, die bei ihm nie verheilt ist."

„Du, Jelle, hast ihm ja, als er zum ersten Mal bei euch war, die Jona-Geschichte nahegebracht. Davon schrieb er uns. Irgendwie ist sie ihm wichtig geworden. Ob er vielleicht insgeheim hoffte, dass auch zu ihm wie zu Jona ein großer Fisch kommt? Versteht ihr? ... Sowas wie ein Retter von weiterher, der ihn aufnimmt!", flüsterte Anni mit einem traurigen Lächeln.

„Schwer zu sagen, Anni. Ich erinnere mich nur noch daran, dass er, als wir über die Jona-Geschichte sprachen, fragte, ob nicht jeder Mensch, wenn es in ihm stürmt, einen großen Fisch brauche. Wer oder was auch immer der große Fisch für ihn war, ich glaube, dem Himmel ist kein Ding unmöglich, mag es in unseren Ohren noch so abenteuerlich klingen - - -"

Am dritten Tag ihres Aufenthalts - der nächtliche Regen hatte aufgehört und der Wind den verhangenen Himmel freigeblasen - saßen die Gäste aus Jaffa in der Küche der alten Kate auf Backenswarft, als Ricklef sagte: „Freunde, der frühe Morgen ist von einer einladenden Bläue. Er macht Lust auf einen Ausflug zur Insel Föhr. Was haltet ihr davon?"

Während sich Anni und Sarah sofort einvernehmliche Blicke zuwarfen und meinten, sie hätten sich anderes vorgenommen und wollten einige Rezepte der orientalischen Küche durchprobieren und ansonsten den Tag in Stille genießen, erklärte Jelle spontan:

„Prima Idee, Käpt'n. Bin dabei. Wenn du willst, - wir können sofort aufbrechen." Und so geschah es.

In Wyk angekommen, suchten die beiden Männer den Strand auf, stärkten sich Stunden später in einem Restaurant und vertieften sich in ein Gespräch, in dem Jelle Goldhagen von seinem Einsatz als Pilot der israelischen Air Force im Sechstagekrieg erzählte, plötzlich jedoch innehielt und sagte:

„Käpt'n, mir kommt da ein Gedanke."

„Raus damit, Jelle."

„Was hältst du von einem Rundflug? Würde mir die Halligwelt gern mal von oben ansehen. Wenn du willst – ich lade dich ein", sagte er mit einem verschmitzten Lächeln.

Natürlich hatte Ricklef Lust, spürte aber in der Kniekehle, dass sein junger Freund etwas im Schilde führte. Er wusste, dass Jelle auch für einen Spaß zu haben war und nahm sich vor, auf der Hut zu sein.

Sie bestellten eine Taxe und fuhren zum Flugplatz, wo sie eine Cessna mieteten, mit der sie wenig später in den lichten Mittagshimmel aufstiegen.

„Na denn", rief Ricklef: „Leinen los!" Und genoss den fantastischen Blick auf das nordfriesische Wattenmeer. Zehn oder fünfzehn Minuten mögen vergangen sein, als der Pilot anfing, in luftiger Höhe einige Kunststücke zu vollbringen und seine Flugkünste unter Beweis zu stellen.

Dieser Schelm, dachte Ricklef. Der will doch nur mal sehen, ob er mich luftkrank kriegen kann. Aber den Gefallen werde ich ihm nicht tun.

„Nur zu, Jelle, du kannst aufstellen mit mir, was du willst", sagte Ricklef.

„Du meinst wirklich alles? Auch Loopings, Schleifen und Kurven?"

„Meinetwegen … Phantastisch ist die Welt der Inseln und Halligen, aus welcher Perspektive auch immer", schwärmte Ricklef und lachte.

Als Jelle Minuten später seine Achterbahnfahrt in der Luft beendet hatte und die Insel Pellworm überflog, bat Käpt'n Petersen: „Sei so gut, Jelle, wenn wir Hooge ansteuern. Geh dann mal ganz tief runter und dann mit full speed über unser Haus auf Backenswarft hinweg."

Wenig später setzte Jelle Goldhagen zum Tiefflug an, ratterte über die Backenswarft, vorbei am Anleger und zog die Maschine überm Wasser wieder hoch und nahm Kurs auf Amrum, wo die beiden einen Zwischenstopp einlegten, bevor sie nach Föhr zurückflogen.

Den Himmel hatte ein feiner Schleier überzogen, verwischt war das flammende Rot des Abendlichts, als Jelle und Ricklef wieder auf Hooge waren. Auf Backenswarft empfing sie Anni mit den Worten:

„Stellt euch vor, über uns ist heute Mittag im Tiefflug ein Flugzeug gedonnert. Der Pilot muss besoffen gewesen sein." Die Gesichter der beiden Männer überzog ein zufriedenes Grinsen.

Die Tage der Goldhagens auf Hallig Hooge waren reich an Geselligkeit und Gesprächen, in denen die Petersens erfuhren, dass Sarah aus Beit Jala ist, einer kleinen Ortschaft in Palästina, wo sie umgeben von Zitrusfrüchten, Feigen- und Olivenbäumen aufgewachsen und in *Talitha Kumi* zur Schule gegangen war. Auch hörten sie, dass Jelle und Sarah sich in Jerusalem kennengelernt und verliebt hätten.

„Es war Liebe auf den ersten Blick. So war's doch, Jelle - oder?", sprach Sarah und lächelte aus großen, tiefbraunen Augen.

Jelle nickte Zustimmung und meinte: „Ja. wir haben schnell gewusst, dass wir zusammenbleiben wollen."

„War aber nicht so einfach", erklärte Sarah. „Wir mussten erst noch meine Eltern überzeugen, die strikt dagegen waren."

„Der Orient ist das El Dorado der Schwiegermütter, die allergrößten Einfluss in allen Angelegenheiten des Clans, der Großfamilie, haben", gab Jelle zu verstehen.

„Am Ende aber haben auch mein Vater und meine Mutter zugestimmt", sagte Sarah mit einem Seufzer der Erleichterung. „Was ich ihnen hoch anrechne. Es war nicht leicht für sie. Das weiß ich."

Sarah hielt einen Moment inne, kramte aus ihrer Handtasche ein kleines umhäkeltes Taschentuch und fuhr sich damit über die Augen, hinter denen sich Wasser gesammelt hatten. Dann sagte sie:

„Ich bin zu Jelle nach Jaffa gezogen ... Aber so schön das alte Jaffa ist, ich wünsche mir und hoffe, einmal in der Altstadt von Jerusalem wohnen zu können. Habe dort das Christenviertel mit der Erlöserkirche in jungen Jahren oft aufgesucht und liebgewonnen. Es gehört zu meinem Leben ... Und wie schön wäre es, wenn unser Kind in Jerusalem zur Welt käme."

„Du bist schwanger?", sprachen Anni und Ricklef wie aus einem Munde und sahen Sarah ebenso freudig wie erstaunt aus großen Augen an. „Das ist ja großartig. Wann ist es denn soweit?"

„Ich glaube, es dauert nicht mehr allzu lang", meinte Sarah.

„Und wenn's ein Junge wird, soll er *Jonatan* heißen", sagte Jelle.

Niemand in der kleinen Runde auf Hooge ahnte, dass sich Sarahs Wunsch, einmal in Jerusalem zu wohnen, kurze Zeit nach ihrem Heimflug erfüllen würde.

Als nach gut einer Woche die Goldhagens Hallig Hooge verließen, um noch einige Tage bei Verwandten und Freunden in Stockholm zu bleiben, bevor sie nach Israel zurückflogen, verabschiedeten sie sich mit den Worten: „Nächstes Jahr in Jerusalem!"

„Ja, wäre echt schön. Nächstes Jahr in Jerusalem", wiederholten Anni und Ricklef.

36. Jerusalem

Ehe jedoch die Hooger ihre Koffer packten, nach Israel reisten und sprechen konnten, wie fromme Pilger es seit Jahrhunderten tun: *Nun stehen unsere Füße in deinen Toren, Jerusalem, du hoch gebaute Stadt* – vergingen weitere Jahre. Und es sollte noch etwas geschehen, was keiner erwartet hatte, am allerwenigsten die Petersens, Sarah aber veranlasste, an Anni und Ricklef ein Telegramm zu senden mit diesem Wortlaut:

LIEBE FREUNDE. JELLE IST VON EINEM FLUG NICHT HEIMGEKEHRT. ER WIRD SEIT TAGEN VERMISST. BIN IN GROSSER SORGE. SARAH

Nach Erhalt des Telegramms trafen die Petersens alle notwendigen Vorbereitungen für einen Flug nach Israel. Sarahs Nachricht war für sie wie ein Ruf, dessen sie offensichtlich bedurften, um ihren lang gehegten Wunsch zu verwirklichen und Jerusalem zu erleben. Zehn Tage später saßen sie im Flugzeug und landeten am späten Nachmittag eines Frühlingstages in Lod Airport, Tel Aviv, wo ungewöhnlich hohe Temperaturen sie empfingen und eine tief betrübte Sarah mit ihrem dreijährigen Sohn Jonatan.

Als nach einer herzlichen Begrüßung Ricklef und Anni wissen wollten, wie's um Jelle steht, erklärte Sarah mit zitternder Stimme, es gäbe von ihm noch immer kein Lebenszeichen. Die Suchaktionen wären ergebnislos verlaufen. Wohl habe man inzwischen im Zentralmassiv des Sinai, den Israel im Sechstagekrieg erobert hatte, sein abgestürztes Flugzeug gefunden, aber von ihm keine Spur. Sein Verschwinden gäbe Rätsel auf, heißt es bei der Israeli Air Force, der IAF.

„Keiner kann sich das erklären. Er scheint unauffindbar. Verschollen in einer Felswüste. Ich kann das nicht begreifen", sprach Sarah, ergriff die Hand Jonatans und ging mit ihren Gästen zur Bushaltestelle.

Als der Kleine übermüdet seine Mutter drängelte, auf den Arm genommen zu werden, schaltete sich Ricklef ein. „Sarah, überlass mir den Jungen. Ich kann ihn doch nehmen", sagte er und wandte sich Jonatan zu, der ihn groß aus hellblauen Kinderaugen ansah. Wenig später hob er ihn mit einem Schwung auf seine Schultern, wo sich der blonde Lockenkopf sichtlich wohl fühlte. Als sie weitergingen, dachte Ricklef, wie kurios es sei, dass die Farbe von Augen und Haar des Jungen so komplett anders ist wie die seiner Eltern, maß dem aber keine Bedeutung zu, sondern widmete sich der lebendigen Fracht auf seinem Rücken und hörte Sarah sagen:

„Ich bin erstaunt, Ricklef. Sonst ist Jonatan Fremden gegenüber sehr zurückhaltend, ja geradezu scheu. Dass er bei dir bleibt und sich nicht an meinen Rockzipfel hängt, ist ein großes Kompliment an dich."

Minuten später waren sie bei der Haltestelle, wo sie in das „Großraumtaxi nach Jerusalem" einstiegen und auf der hintersten Sitzreihe neben einem Ordensmann im braunen Habit Platz fanden. Kurz darauf fuhren sie ab, hatten schnell die Küstenebene hinter sich gelassen und die Straße ins judäische Bergland erreicht, die hinauf nach Jerusalem führt. Sie passierten das Trappistenkloster Latrun und fuhren vorbei an verrosteten Trümmern alter Militärfahrzeuge, die bei Kämpfen um das eingeschlossene Jerusalem 1948 zerstört wurden. Wortlos saßen sie beieinander, schauten nach draußen und überließen sich ihren Gedanken, bis Anni das Wort ergriff und sagte: „Gut, dass wir hier im Kleinbus eine Klimaanlage haben. Die Luft am Flughafen war echt schweißtreibend."

„Es war heute ein sehr heißer Tag. Das ist der Chamsin", bestätigte Sarah in einem flüsternden Ton mit Rücksicht auf Jonatan, der in ihren Armen bald nach der Abfahrt eingeschlafen war.

„Soll mir recht sein, wenn wir's wärmer bekommen", sprach Anni. „Auf Hooge waren die letzten Nächte ziemlich kalt. Musste mir noch die Bettdecke übern Kopf ziehen."

„In der Nacht kann es auch hier im Lande recht kalt werden, aber am Tag sehr heiß“, meinte Sarah. Zwischen Mittagshitze und Nachtkühle können vierzehn, fünfzehn Grad liegen. Das sei keine Seltenheit.

„Und was ist es mit dem Chamsin?“, fragte Ricklef.

„Der Chamsin? Ein Wind aus der Wüste. Mit ihm haben wir's in dieser Jahreszeit öfter zu tun. Wenn er weht, ist es besonders heiß“, sagte Sarah. „Ein feiner gelblicher Staub erfüllt die Luft schon den ganzen Tag. Wir hatten heute Mittag an die vierzig Grad ...“

„Und so merkwürdig es klingt“, schaltete sich freundlich lächelnd der Franziskanerpater ein, der die letzten Sätze Sarahs mitgehört hatte, „sein brennendes, sengendes Licht kann kahle Berge in Flammen versetzen. Viele hierzulande nennen ihn sogar giftig. Der Chamsin, ja, er kann aufs Gemüt schlagen. Habe es selbst erlebt ... Aber Pardon! ... Pax ist mein Name, Elpidius Pax, komme aus Deutschland, lebe aber schon viele Jahre in Jerusalem.“

„Ah ... Sie sind Professor Pax. Richtig? Ich habe von Ihnen gehört. Weiß aber ehrlich gesagt nicht mehr genau, wo und wann das war. Sorry!“, sagte Sarah, die nun auch sich und ihre Hooger Gäste namentlich vorstellte.

Der Kleinbus hatte die Höhe von Abu Gosch erreicht, einen Ort der Stille in Wasser und Grün, der mit dem biblischen Emmaus in Verbindung gebracht wird, und weiter oben zeichneten sich die Konturen des Nebi Samwil ab, als der Bus auf einer Anhöhe hielt. Alle schauten aus dem Fenster und verstummten. Im violett durchströmten Licht der Dämmerung sahen sie Jerusalem daliegen und dahinter die Berge von Judäa. Bewegt vom Blick auf die Stadt, hörten Anni und Ricklef eine Stimme, die ihnen zuraunte: *Jerusalem, die einzige Stadt auf dieser Erde, die ein irdisches und ein himmlisches Antlitz hat.*

Überrascht wandten sie sich dem Mann im braunen Habit zu, sagten aber nichts, wiewohl sie gern gewusst hätten, wie das, was sie hörten, zu verstehen sei. Kurz danach, der Kleinbus hatte sich wieder in Bewegung gesetzt, platzte es freudig aus Sarah heraus:

„Pater, jetzt weiß ich, es ist mir wieder eingefallen, wo ich Ihren Namen gehört habe. Sie halten Vorträge - stimmt doch, oder?"

„Ja, ich mache Führungen durch die Altstadt und halte auch Vorträge. Eine kleine Nebenbeschäftigung im Dienst an Pilgern."

„Meine Eltern, es liegt schon Jahre zurück, die sind einmal mit ihrem Besuch aus Deutschland zu einem Ihrer Vorträge gekommen. Und da haben Sie etwas zum Thema ‚Was Jerusalem mir bedeutet' gesagt."

„Sie haben ein gutes Gedächtnis. Ja, darüber habe ich in der Tat vor Reisegruppen gesprochen."

„Würden Sie's für meine Gäste von der Hallig noch einmal tun?", fragte Sarah. Sie selbst sei im Augenblick schrecklich belastet und beschäftigt, nachdem ihr Mann, Pilot bei der Israeli Air Force, im Sinai abgestürzt und verschollen sei.

„Ich habe darüber eine kurze Notiz in der *Jerusalem Post* gelesen. Es tut mir sehr leid", sagte der Pater. „Ich hoffe, dass er überlebt hat und bald gefunden wird."

„Damit mir mehr Zeit bleibt, kümmern sich meine Freunde um den kleinen Burschen auf meinem Schoß, sollen aber auch in den Tagen, die sie hier sind, einen Eindruck von Jerusalem bekommen. Wäre schön, wenn Sie ihnen dazu verhelfen."

Der Pater, zunächst überrascht, zögerte und überlegte einen Augenblick, erklärte sich dann aber bereit und sagte zu Ricklef und Anni, sie sollten morgen, neun Uhr, in der Via Dolorosa sein … Der Pater hielt inne und fügte lächelnd hinzu, er wohne dort in einem *Haus aus Papier*.

„In einem Haus aus Papier?", wiederholte Anni erstaunt.

„Ach, wissen Sie", meinte lachend der Pater, „als einmal mein Freund Löwenstein, ein Rabbiner, den Sie unbedingt kennenlernen sollten … Ja, als der davon sprach, er würde in einem *Haus aus Papier* wohnen, weil er täglich *Tora* lerne, da habe ich mir seine Erklärung zu eigen gemacht. Schließlich beschäftige ich mich auch jeden Tag mit der Heiligen Schrift. Ihr Wort, möchte ich sagen, ist mein Leben … Also, wenn Sie wollen, mache ich Sie mit dem Rabbiner bekannt."

Der Himmel hatte sich am nächsten Morgen im Osten erst rot, dann violett und blau verfärbt, als Sarah mit Jonatan ihren Hooger Besuch in die Via Dolorosa zum Franziskanerkloster brachte, wo Pater Pax sie schon erwartete und Sarah ihren Sohn Anni und Ricklef überließ, sich verabschiedete und schnell wieder entfernte.

„Na, wie war die erste Nacht in der Altstadt von Jerusalem?", fragte Pater Pax, als sie durch die Basargassen inmitten vieler Menschen, Farben und Düfte zum Damaskustor gingen.

„Sie war ehrlich gesagt ziemlich kurz. Früh hat uns Glockengeläut aus dem Schlaf geholt und der Muezzin", antwortete Ricklef und wandte sich Jonatan zu, weil der ihn schon nach wenigen Schritten bedrängte und zu verstehen gab, er wolle getragen werden. Ricklef erfüllte ihm den Wunsch, hob ihn hoch und ging mit dem Jungen auf seinen Schultern durch die belebten Suqs, vorbei an farbfrohen Teppichen, frisch duftenden Backwaren, Gewürzen und Früchten des Landes. Die Luft war erfüllt mit Stimmen, die den Dreijährigen keineswegs einschüchterten oder gar missfielen. Denn als schrille Rufe aus einer Seitengasse ertönten, ließ er, bevor sie jenseits der Gewölbe und Dächer im Morgenhimmel verhallten, zur Freude Ricklefs zwei, drei Schreie aus seiner Knabenkehle hören. Und einladende Rufe aus den Geschäften, die an sein Ohr drangen, wie *Welcome! Kommen Sie rein! Nicht kaufen. Nur schauen!*, wusste er auf seine Art so witzig nachzuahmen, dass sich die Leute amüsiert nach ihm umdrehten.

Am Damaskustor angekommen, nahmen die Vier Platz vor einer Teestube, deren vorgezogenes Dach das gleißende Tageslicht dämmte und ihnen einen gewissen Schutz vor der Hitze bot. Drinnen saßen einige ältere Männer mit durchfurchten Gesichtern, widmeten sich einem Brettspiel und versorgten ihre Wasserpfeifen, bemüht, ihre Glut nicht erlöschen zu lassen, mit frischer Kohle. Draußen, wenige Schritte von ihnen entfernt, wurde Anni auf einen Mann mittleren Alters aufmerksam, der vor einer Wechselstube stand und nach Kundschaft Ausschau hielt. Sieht mit seinem kleinen Schnurrbart und seinen dunklen Augen unter schwarz gelocktem Haar ganz nach einem Gentleman aus, dachte sie, als der ihr zurief:

„Sie wünschen etwas zu trinken? Was darf es sein, Madame? Kaffee, Tee oder etwas Kaltes? Wie wäre es mit einem Gläschen Cremisan?" Ein Wink von ihm genügte und ein Junge lief, bestellte und brachte das Gewünschte. Annis Blick fiel auf seine Ringe am Mittel- und Zeigefinger, zwischen denen die Geldscheine in rasantem Tempo gezählt wurden. Nach dem Geldumtausch warf der Mann noch einen kurzen, zufriedenen Blick auf die eingewechselten Dollarnoten in seinen Händen, steckte sie ein und verschwand in der Schattenwelt der Wechselstube.

Ricklef und Anni aber sahen die Menschen, die in bunter Vielfalt an ihnen vorüberzogen: Die Beduinenfrau in ihrem schön gestickten Gewand; orthodoxe Juden aus Mea Shearim mit schwarzen Hüten und Schläfenlocken auf ihrem Weg zur Klagemauer, Soldaten mit ihren MPs, die in den Altstadtgassen patrouillierten; Armenier, Äthiopier und Griechen; die Hausfrau aus der Neustadt, junge Leute aus den Kibbuzim, Araberjungen mit ihren treuherzigen Gesichtern, Touristen aller Herren Länder - - -

„Nun, Sie haben mich gefragt, was mir Jerusalem bedeutet, warum ich es liebe?", sagte Pater Pax. „Sie haben meine Antwort vor Augen. Es sind nicht die heiligen Stätten, die mich anziehen, und nicht die archäologischen Ausgrabungen, so interessant sie im Einzelnen sein mögen. Es sind die Menschen, die in der Vielfalt ihrer Nationalitäten, ihrer sozialen Struktur und ihrer Mentalität nirgendwo sonst auf der Erde ihresgleichen finden. Ich bleibe öfter auf der Innenseite des Damaskus Tores stehen, lasse sie alle an mir vorübergehen, wie wir es heute tun, und schaue in die Gesichter dieser Menschen: Tief eingegrabene Furchen und so mancher müde und traurige Blick zeigen mir, wie schwer es die Menschen haben. Viele tragen persönliches Leid, das eng mit diesem Land verbunden ist. Verstehen Sie, warum ich Jerusalem liebe? … Um all jenen, die schwer zu tragen haben, nahe zu sein und so viel wie möglich dem anderen seine Bürde erleichtern zu helfen … Jerusalem ist ein Schmelztiegel an Menschen unterschiedlichster Art, wo man den Respekt und die Achtung vor der Andersheit des Anderen lernen kann."

Wind kam auf am Damaskustor, als sich am späten Vormittag im grellen Licht der Mittagssonne Pater Pax von den Hoogern verabschiedete, ihnen aber noch, bevor er ging, versprach, ein Treffen mit Rabbiner Löwenstein zu vermitteln, und sie hinwies auf die *Zeremonie des Heiligen Feuers* am Karsamstag in der Grabeskirche, die für die Christen vor Ort ein großes Ereignis sei. „Wie wäre es", sagte er, „hätten Sie Lust, mit dabei zu sein? Ich lade Sie ein. Und bringen Sie Frau Goldhagen mit, wenn sie mag. Was meinen Sie?"

„Natürlich, ja, herzlich gern", erwiderten Anni und Ricklef hocherfreut, bedankten sich und machten sich mit Jonatan auf den Weg durch den Basar zum Jaffator.

Sie hatten mit Sarah verabredet, sich zum Mittagessen in einem armenischen Lokal zu treffen, das einen Steinwurf weit vom Jaffator entfernt ist. Da es bis zum verabredeten Zeitpunkt noch über eine Stunde war und Anni mit Jonatan lieber in einer Teestube auf Sarah warten wollte, durchstreifte Ricklef allein und gedankenverloren das armenische Viertel und stand plötzlich vor einer unverschlossenen Tür. Als er sie öffnete und durchschritt, sah er sich im Halbdunkel, umgeben von alten Grabsteinen, an einem Ort der Stille.

Wenig später hörte er eine Stimme, die ihm zu verstehen gab, dass er kein Recht habe, an diesem Ort zu sein. Es war ein armenischer Wächter im langen schwarzen Gewand, der Ricklef aufhielt und den Durchgang verweigerte, nach einem kurzen gestenreichen Wortgeschehen aber bereit war, eine Ausnahme zu machen und ihn durch verschwiegene Gärten auf schmalen Wegen zum Haus des Hohenpriesters zu führen, zu dem vor zweitausend Jahren Jesus von Nazareth als Gefangener gebracht worden sei.

Ricklef ging einige von Wind und Zeit verwaschene Stufen hinunter, vorbei an einem verfallenen Gebäude, an dessen Außenwand Grabplatten in armenischer Schrift befestigt waren. Er musste sich bücken und sah in ein unterirdisches Gewölbe mit Resten eines Torbogens, auf dessen Grund schiefe, zerspellte Steine lagen, die dort seit Jahrhunderten zu schlafen schienen, fernab der Sonne und neugieriger Blicke. Am Ende zeigte der Armenier Ricklef einen Grabstein aus Marmor, kunstvoll gestaltet, auf dem der geschichtsmächtige Augenblick vor zweitausend Jahren festgehalten war: *Jesus in Fesseln vor Kaiphas*.

Jerusalem: die Zukunft liegt in der Vergangenheit, las ich Jahre später in Käpt'n Petersens Logbuch, wo er diesen Satz mit dem skizzierten Erlebnis im armenischen Viertel notiert hatte. Ob ihn der Wächter gesprochen hat oder er aus einer anderen Quelle stammt, konnte ich nicht herausfinden. Belegt ist nur, wie Ricklef in unserer Runde zur Dämmerstunde verdeutlichte, dass er nach der Begegnung mit dem Armenier eine wohltuende Leichtigkeit in sich verspürte.

37. Die Rose von Jericho

Zwei Tage später, am Karsamstag, gingen Anni und Ricklef mit Sarah und Jonatan zur Grabeskirche, um die *Zeremonie des Heiligen Feuers* mitzuerleben. Pater Pax empfing sie am Eingang und brachte sie der vielen Menschen wegen über Umwege in den Innenraum, wo sie wenige Meter von der Rotunde entfernt einen guten Platz fanden. Weit über tausend Menschen, Pilger und Pilgergruppen, Fromme und Schaulustige, Juden und Araber waren gekommen, um den Höhepunkt der orthodoxen Osterfeier zu erleben, zu der sich einmal im Jahr alle ostkirchlichen Gemeinschaften in der Grabeskirche versammeln. Als um zwölf Uhr mittags die Zeremonie begann, meinten Ricklef und Anni, sie wären in eine andere Welt eingetaucht:

Sie hörten Hymnen, die mit Inbrunst gesungen wurden. Dazwischen Sprechchöre, die skandierten: *Allen Menschen Gottes Heil! Freut euch! Freut euch!* Erloschen waren alle Lichter unter der weiten Kuppel der Grabeskirche und kein Laut war zu hören, als der griechisch-orthodoxe Patriarch in festlichem Ornat in das Grab Christi ging. Verwundert suchten Annis Augen den Franziskanerpater, der sofort verstand und ihr zuflüsterte: „Er geht ins Grab Christi, wo das vom Himmel entzündete Feuer erwartet wird."

Danach erfüllte eine große Stille den Raum. Minutenlang - - -

Anni sagte später zu Sarah, sie habe in dieser Stille das Gefühl gehabt, als wäre sie in einer anderen Welt, in der Zeit und Raum aufgehoben sind, während Sarah gestand, sie habe in allem, was sie umgeben, gehört und gesehen hat, Jelle gesucht und sich gefühlt, als könne er jeden Moment auftauchen und neben ihr stehen - - -

Doch dann - in diese erwartungsvolle Stille hinein plötzlich das Licht einer Fackel und ein Freudenschrei. Dann noch einer, ein dritter und ein vierter, und schließlich hallte die gesamte Grabeskirche wider in lautem Rufen und Singen. Das Feuer aber wurde weitergegeben von einem zum anderen, bis der *Funke aus dem Grab Christi* tausende Kerzen entzündet hatte und die Grabeskirche im österlichen Licht erstrahlte. Glocken fingen zu läuten an. Dazu rhythmisches Klopfen und vielstimmiger Gesang. Am Ende aber ging man auseinander und hütete das Licht wie einen kostbaren Schatz.

„Das war ein österliches Gleichnis, das jedermann verstand, welche Sprache er auch gesprochen hat", sagte Anni, als sie die Grabeskirche verlassen hatten.

„Ja, es war eine Predigt ohne Worte", sagte Pater Pax. „Sie hat deutlicher gesprochen, als Worte es zu sagen vermögen: Das Auferstehungsleben muss durch den Tod hindurch."

„Das ist nicht leicht zu fassen, Pater, aber ich verstehe jetzt", sagte Sarah, „warum die Grabeskirche bei den Griechen auch *Anastasis* heißt, *Auferstehung*. Das Licht kommt aus der Dunkelheit des Grabes."

„Seit Ostern gibt es einen neuen Fahrplan", sagte der Pater. „Nicht mehr Leben und dann der Tod, sondern Tod und dann Leben; gemäß der Reihenfolge: Karfreitag, dann Ostern."

Wenn dieser *Fahrplan* tatsächlich gilt, dann kann es doch auch um Jelle Goldhagen so schlecht nicht stehen, was immer ihm widerfahren ist, dachte Käpt'n Petersen im Stillen, verabschiedete sich mit Dank von Pater Pax und trennte sich von Sarah, die sagte, sie möchte mit Jonatan zurück in den Muristan und das Essen vorbereiten, während er mit Anni noch auf den Turm der evangelisch-lutherischen *Erlöserkirche* wollte, die 1898 in Gegenwart Kaiser Wilhelms II. eingeweiht worden ist. An die zweihundert Stufen hatten sie zu bewältigen, ehe sie oben waren. Dort schauten sie zunächst auf die nur hundert Meter entfernte große Kuppel der Grabeskirche und genossen wenig später im Osten die freie Sicht über den Ölberg hinweg auf die Weiten der judäischen Wüste.

„Siehst du, Anni, den milchigen Schleier in der Luft, der zart und hell über den felsigen Hügeln Judäas schwebt?", fragte Ricklef.

„Ja, sieht aus, als würde auf ihnen der Atem des Himmels ruhen", meinte Anni.

„Es ist, wie Jelle einmal gesagt hat, das Licht hat hierzulande eine eigene Passion." Als die Hooger nach Süden schauten in Richtung Bethlehem, Herodion und Totes Meer, da meinte Anni:

„Irgendwo dahinten, Ricklef, muss *Mar Saba* liegen, ein Wüstenkloster. Sarah hat es mir gestern auf einer Karte gezeigt. Dahin möchte sie mit uns übermorgen. *Djamal*, ein Beduine und Freund aus Jugendtagen, wird mit dabei sein, sagte sie. Schon mit Sand in den Augen geboren, kenne er sich bestens in der Wüste aus und wird uns führen. Hört sich interessant an – oder?"

„Hat Sarah gesagt, warum sie mit uns gerade an diesen Ort will, Anni?"

„Ja, das habe ich sie auch gefragt. Sie meinte, schon als Schülerin sei sie in die Wüste gegangen, wenn sie Kummer oder Probleme hatte und nicht weiterwusste. Als ihre kleine Schwester plötzlich starb, an der sie sehr hing, habe Djamal sie nach Mar Saba geführt. Er habe immer die richtigen Orte und Worte gefunden, meinte Sarah. Bin echt gespannt, ihn kennenzulernen."

„Aber ich kann mir vorstellen, dass es für Sarah noch einen andern Grund gibt, jetzt die Wüste aufzusuchen. Er hängt mit Jelle zusammen, genauer gesagt damit, dass er in der Felswüste des Sinai abgestürzt und verschollen ist. Sie glaubt bestimmt, sie wäre ihm in der Wüste näher."

„Ja, du kannst recht haben, Ricklef. Aber da ist noch etwas. Hast du bemerkt, wie bedrückt Sarah war, als sie von Tel Aviv zurückkam."

„Na ja, kein Wunder, wenn sie nach dem Gespräch mit Jelles Freunden den Eindruck hatte, ihr werde irgendetwas verheimlicht."

„Schlimmer noch als das Gefühl, ihr würde etwas verschwiegen, war für Sarah, glaub ich, der schreckliche Verdacht, Jelle könnte ein Spion sein, der sich nach Ägypten abgesetzt hat oder sonst wo untergetaucht ist", sagte Anni.

„Das sind aber doch nichts als haltlose Verdächtigungen ..."

„Na klar, Ricklef, aber die haben Sarah maßlos verwirrt, sie verunsichert und aus dem seelischen Gleichgewicht gebracht."

„Ja, das war ihr abzuspüren."

„So gesehen ist es kaum zufällig, dass sie in die Wüste möchte", sagte Anni. „Sie will zu sich selbst kommen und hofft, dort ihre Zerstreutheit und ihren kurzen Atem loszuwerden, vor allem aber ihre Sorgen und Ängste zum Schweigen zu bringen, unter denen sie seit Jelles plötzlichem Absturz und Verschwinden leidet.

„Danach zu urteilen, muss die Wüste für Sarah ein ganz besonderer Ort sein", sagte Ricklef.

„Vielleicht war's das ja auch für Kai-Uwe. Du weißt doch, wenn er aus Israel zurückkam … immer wieder hat er von der Wüste gesprochen, wie eindrücklich sie für ihn war."

„Keine Frage, Anni, die Wüste hat etwas. Das wissen wir auch, die wir auf der Hallig bei jedem Landunter und Sturm die Wasserwüste erleben. Wir müssen das Schwere, das uns auferlegt ist, also die Wüste, die wir zu durchschreiten haben, ungeteilt bejahen. Sie ist ganz offensichtlich ein Bild für den Ort, der uns Menschen *fertig* macht, verstehst du? Fertig für einen neuen Anfang."

„Na, mal sehen, welche Erfahrung wir in *Mar Saba* machen."

Anni, Ricklef und Sarah waren früh am nächsten Morgen aufgestanden und fuhren in einem geliehenen Auto mit Djamal über Bethlehem in Richtung Totes Meer. Als Sarah während der Fahrt Djamal vorstellte, sahen Anni und Ricklef seine dunklen Augen funkeln. Sie hatten das Wüstenkloster am Kidron fast erreicht, als er plötzlich hielt und alle bat, auszusteigen. Nach wenigen Schritten zeigte Djamal auf ein vertrocknetes Gewächs, das heiße Winde von kahlen Höhen des Berglandes vorantrieben.

„Kennt ihr das?", fragte er und erklärte: „Die Kreuzfahrer nannten es *Rose von Jericho*. Als Grabbeigabe in Pharaonengräbern hat sie dort eine Trockenphase von fast viertausend Jahren unbeschadet überstanden. Sie galt bei den Ägyptern als Zeichen des ewigen Lebens."

„Und warum?", wollte Ricklef wissen.

„Dieses Gewächs hat ein auffallendes Kennzeichen", sagte er. „Wenn es trockenfällt, verliert es seine Wurzeln. Und dann kann es der Wind über Hunderte von Kilometern fortwehen. Die *Rose von Jericho* vermag tatsächlich ohne Wurzeln zu überleben. Mit nur etwas Wasser aber bekommt sie wieder Wurzeln, wird grün und ersteht zu neuem Leben. Darum wird sie auch *Auferstehungsblume* genannt."

Wenig später erreichten die vier das Wüstenkloster. Dort sahen sie tief unten den Kidron fließen, an dessen Ufer sich eine riesige Felswand mit vielen Lauren erhob. Beim Anblick der Felsenhöhlen, die vor Jahrhunderten von Mönchen bewohnt waren, geschah es, dass ein kühler Lufthauch für wenige Augenblicke die Mittagshitze unterbrach. Danach stellten Ricklef und Anni verwundert fest, wie gelöst, ja geradezu heiter Sarah war. Zurück in Jerusalem, Sarah hatte noch zu einem Imbiss und Drink eingeladen, fragte Ricklef:

„Sag Sarah, wie kommt es? Deine Stimmung hat sich spürbar aufgehellt. Das ist wunderbar. Dir hat Mar Saba sichtlich gutgetan. Magst du uns den Grund verraten?"

„Na ja, so überraschend ist es nicht. Ein arabisches Sprichwort sagt: *Wer in die Wüste geht, wird nicht derselbe bleiben, der er vorher war.* An diesem Wort ist etwas dran. Als du, Djamal, uns auf die *Rose von Jericho* hingewiesen hast, da ist mir aufgegangen, was für ein treffendes Bild sie ist für den verschollenen Jelle. Indem die Pflanze sich dem Wind anvertraut, der sie hochwirbelt und zum nächsten oder fernsten Wasser trägt, erlebt sie an sich das Wunder des erneuten Lebens. Sie versteht, Eigenes, Vertrautes aufzugeben und immer wieder neu aufzubrechen. Mit Djamals Gedanken über die *Rose von Jericho* gewann ich die Gewissheit, Jelle könne, vom Atem des Himmels getrieben, dennoch *leben,* selbst wenn er nicht gefunden wird und nie mehr an meiner Seite ist."

„Ja, und später am Kidron", sagte Ricklef, „da hattest du deine Blicke auf die Felsenhöhlen gerichtet, die dem Wüstenkloster gegenüber liegen, als uns in der Mittagshitze eine kühle Brise erfrischte ..."

„Ja, ich redete still in meinem Herzen, wie ich es öfter tue, wenn mich etwas tief erregt, als mich der kühle Lufthauch erfasste und durchströmte. Und plötzlich sah ich die Felsenhöhlen nicht mehr leer und dunkel, sondern bewohnt und licht wie vor Jahrhunderten. Aus ihnen sprach eine Stimme, ein leises Schweigen, das mir zu verstehen gab, Jelle sei nicht verschollen, sondern entrückt. Und ich erinnerte mich, dass er einmal nach einem Flug sagte, es möge ihm, wenn er in große Turbulenzen gerate, ergehen wie *Henoch*, von dem die Tora sagt, dass er *plötzlich nicht mehr gesehen wurde, weil der Himmel ihn entrückt habe*. Als ich nachfragte, wie er das meine, hat Jelle nur gesagt: *Dem Himmel sei nichts unmöglich."*

Nach Sarahs Worten überzog Djamals Gesicht ein Lächeln, während Anni und Ricklef sie still umarmten.

Nach den bewegenden Momenten in der judäischen Wüste war die von Pater Pax vermittelte Begegnung mit Rabbiner Löwenstein für Ricklef und Anni ein weiteres nachhaltiges Erlebnis. Der in Prag geborene Elias Löwenstein, der Ende der dreißiger Jahre nach Palästina emigriert war, hatte als Treffpunkt für die Begegnung mit den Hoogern bewusst das *Ticho-Haus* gewählt. Nur ein Steinwurf von der belebten Ben-Yehuda-Straße entfernt, sei es eine Oase der Ruhe mit viel Kultur, erklärte er, nachdem er Anni und Ricklef freundlich begrüßt und ins Restaurant geführt hatte. Er habe den einstigen Eigentümer, den Augenarzt Albert Ticho, und seine Frau Anna, eine vielseitige Künstlerin, sehr geschätzt. Das Haus, das viele Jahre als Augenklinik genutzt wurde, sei bis zum Lebensende der Tichos ein Ort der Begegnung für Künstler und Schriftsteller gewesen. Jetzt gehöre es zum Israel-Museum und biete Raum für bemerkenswerte Ausstellungen, die ihn verlocken, das Ticho-Haus aufzusuchen.

Als sie ins Gespräch kamen, hörten Anni und Ricklef dann, wie schwer der Anfang in Jerusalem für den damals fünfundzwanzigjährigen Elias Löwenstein gewesen war, nachdem er auf Umwegen und mit Hilfe zionistischer Freunde Palästina erreicht hatte. Die beiden Hooger erzählten aber auch viel von ihrem Halligleben, an dem der Rabbiner großes Interesse zu haben schien. Eine knappe Stunde mochte vergangen sein, als er auf die Uhr schaute und erstaunt feststellte:

„Es wird Zeit … Ich möchte Sie heute ja noch mit einem Antiquar bekannt machen, der nicht nur in einem Meer von lesenswerten Büchern wohnt, sondern auch ein besonderer Mensch ist, Sie zuvor aber noch an einen Ort führen, wo die Trauer lächelt."

„Ein Ort, wo die Trauer lächelt?" Anni und Ricklef wollten nachfragen, was damit gemeint sei, als der Rabbi sagte:

„Aber dies müssen Sie mir, bevor wir losgehen, noch beantworten: Es gibt Menschen mit Herzen aus Stein und Steine mit menschlichem Herzen. Glauben Sie das?"

„Nun ja", sagte Ricklef, „Dass wir Menschen oft hartherzig und ohne Liebe sind, ist leider bittere Wahrheit. Aber Steine mit menschlichem Herzen? Was meinen Sie damit?"

„Ich erkläre es Ihnen auf dem Wege. Kommen Sie!"

Der Rabbiner führte Ricklef und Anni zum Jaffator und durch die Basarstraßen der Altstadt hinunter zur Klagemauer, dem steinernen Rest des jüdischen Tempels. Sie standen eine Weile still vor den mächtigen, alten Steinquadern der Westmauer, als der Rabbiner sagte:

„Der Weg zum Herzen der Steine ist unten. Wenn Steine eine bewegte Geschichte haben, dann diese. Dies ist ein symbolträchtiger Ort. Hier finden religiöse Feiern statt – auf dem Vorplatz sogar Kundgebungen und Konzerte. Aber das Wesentliche, das Eigentliche ist dies: Es ist ein Ort der Besinnung und des Gebets. Hunderte kommen hier täglich zusammen, um vor den Steinen zu beten. Man hat diese Steine mit Tränen benetzt und ihnen alles anvertraut, Höhen und Tiefen, Freud und Leid. Davon zeugen die zahllosen kleinen Zettel, die in den Ritzen und Nischen der Steine stecken. Darum sind dies Steine mit menschlichem Herzen. Eine alte Tradition sagt, der Geist des Ewigen wohne in diesen Steinen."

„Ja, es braucht Orte im Leben, wo wir alles, was uns aufwühlt und bewegt, mitteilen können", sagte Anni. „Orte, wo tatsächlich die Trauer zu lächeln beginnt."

Die wenigen lichten Wolken über Jerusalem waren einem ungetrübt reinen Blau gewichen, als am Nachmittag Rabbiner Löwenstein mit seinen Hooger Gästen das Antiquariat eines Herrn Avni in der King George Street betrat. Der Antiquar saß in einem Raum, der mit seinen Regalen bis an die Decke höher zu sein schien, als er lang und breit war, und rauchte eine Zigarre, deren blauer Dunst sich erst weit oben im Bücherhimmel verlor. Ricklef und Anni sahen einen Mann mit stark hervortretenden Backenknochen, über denen zwei kleine, blitzwache Augen schauten. Als er zur Begrüßung seinen schwarzen Hut kurz anhob, unter dem sich nur noch wenige schüttere Haare versteckten, da stand das Weiß von Kopf und Stirn in scharfem Kontrast zu seinem sonnendurchfurchten Gesicht. Hohlwangig und unrasiert, wie er war, glich er im Umfeld seiner vielen Bücher selbst einem gealterten Buch mit vielen Erinnerungen, Geschichten und Lebensweisheiten. Das konnten Anni und Ricklef später in einem Café feststellen, wohin er gern mit Besuchern seines Antiquariats ging und in einer schattigen Ecke bei einem Espresso und einer guten Zigarre Geschichten erzählte in einer Art, wie es kaum ein anderer konnte.

„Die deutschsprachigen Bücher sehen mich an wie alte Bekannte", sagte der Rabbiner, stieg auf eine Leiter und griff weit oben nach zwei, drei kleinen

Bänden aus der Schocken-Bücherei, die er Ricklef und Anni insgesamt zur Lektüre und zum Kauf empfahl. Es sei der Beginn des Taschenbuchs, sagte er, und ein beachtliches Kompendium jüdischen Wissens.

„Der Geist unter dem Staub der Bücher vermag etwas in dir emporzuziehen, etwas, das du dir selbst nicht geben kannst", erklärte der Antiquar und nannte es *die Vertikale des Lebens*. Von ihr erfasst, sei er, der jüngst Geburtstag hatte, nicht älter geworden, sondern *weitergekommen*, sagte er, griff nach einem Band der Werke Gerhart Hauptmanns und zitierte einige Sätze aus den „Sonnenmeditationen", die mit dem Wort endeten:

„Welch eine Jugend in Gott mit achtzig Jahren!"

Ihn habe dieses Wort nicht mehr losgelassen, sagte der Antiquar. Immer wieder müsse er darüber nachdenken. Das Überraschende an diesem Satz sei das *„in Gott"*. Damit seien *Jugend* und *Alter* im vollen Sinne nicht mehr an „Jahre" gebunden. „Denn *in Gott* existiert keine Zeit", erklärte er. „Wohl fällt für uns Menschen die Zeit auseinander in Vergangenheit, Gegenwart und Zukunft, nicht aber für Gott ..."

„So ist es. Bei IHM ist alles *Heute*", fiel ihm der Rabbiner ins Wort. „Vergangenes und Zukünftiges sind in IHM Gegenwart. Wer also *in Gott* ist, dem teilt sich ein ewiges Heute mit."

„Ja, und damit ist für ihn sein Alter wie seine Jugend", sagte der Antiquar.

Neuntes Kapitel

38. Annis letzter Traum

Nach den unvergesslichen Tagen in Jerusalem vergingen auf Hooge Jahre, bis an einem nasskalten Tag im März Käpt'n Ricklef Petersen zu mir kam und mir mitteilte, dass Anni gestorben sei. Es blitzte nicht. Nur das dumpfe Geräusch eines kurzen Donners war zu hören und Regen fiel, als er im Pesel durch das Fenster auf den noch blattlosen Holunder starrte, der sich auf Kirchwarft in den Mittagshimmel streckte. Jede Farbe war aus dem Gesicht des alten Mannes gewichen. Wir saßen lange stumm beieinander, bevor er anfing, von Annis Ende zu erzählen:

„Seit Wochen fühlte sie ein unerklärliches Unbehagen und körperliches Unwohlsein", erklärte Ricklef, der Anni am Küchenfenster gesehen hatte, wo sie mit Blicken aus müden, tiefliegenden Augen die rastlos umherfliegenden Möwen beobachtete, deren weiße Schwingen in scharfem Kontrast zum dunklen Himmel über Hooge standen. Schon länger habe er eine Erschöpfung und innere Unruhe bei ihr wahrgenommen, war tief besorgt und wollte, dass sie einen Arzt aufsucht. Dazu riet auch die Gemeindeschwester. Doch schob Anni es immer wieder hinaus, bis eines Tages unter den Gästen auf Backenswarft ein Arzt war, der sie auf Ricklefs Bitten hin untersuchte. Als der meinte, sie solle so schnell wie möglich ins Krankenhaus, da endlich war sie bereit.

Natürlich wäre es dringlich geboten gewesen, den Hubschrauber kommen zu lassen oder wenigstens den Seenotrettungskreuzer, um möglichst schnell ins Krankenhaus zu kommen. Doch Anni bestand darauf, die Fähre zu nehmen. Und so brachte Ricklef sie am nächsten Tag nach Husum ins Krankenhaus, wo die Ärzte die Schwere ihrer Krankheit feststellten und sie sofort operierten.

In der Nacht nach der OP hatte Anni einen Traum, der sie sichtbar beunruhigte. Denn als Ricklef sie am nächsten Tag besuchte, sprach sie ihn ohne Gruß gleich an mit den Worten:

„Ich hatte einen seltsamen Traum, Ricklef … Den möchte ich dir erzählen und von dir wissen, wie du ihn verstehst."

Ricklef machte große Augen, nahm einen vom Meerwasser bearbeiteten formschönen Kiesel aus der Hosentasche, den er seit Wochen bei sich trug, drehte ihn in der Hand von Finger zu Finger und sagte: „Du atmest schwer, Anni, und bist beunruhigt. Dich ängstigt der Traum!?"

„Hör erst mal, Ricklef, was ich geträumt habe. Es ist schnell erzählt. Dann sprechen wir darüber."

Käpt'n Petersen setzte sich auf die Bettkannte und sah, wie Anni mit den Tränen rang, während sie sprach: „Ich träumte, nach Hause zu kommen, ging durch den Flur, vorbei an der alten Standuhr und schaute in den Seitenflur, wo die Landschaftsbilder von Jacob Alberts hängen. Aber ist das nicht merkwürdig, Ricklef? Ich sah an den Wänden nur die Rahmen, aber keine Bilder. In den Rahmen war nichts. Es war alles leer – – –"

Anni hielt einen Augenblick inne und wiederholte leise: „Lauter Rahmen ohne Bilder … Ein seltsamer Traum, findest du nicht auch?"

Käpt'n Petersen sah mich prüfend an und schwieg. Nach einer Weile meinte er: „Ehrlich gesagt, ich wusste den Traum nicht zu deuten, als Anni mich fragte. Mir fiel nichts dazu ein … Oder … wollte ich es nicht? Fehlte mir der Mut, das Traumbild auf den Tod hin zu deuten? Ich weiß es nicht. Vielleicht hatte ich ja selbst den Tod verdrängt und mich innerlich dagegen gesperrt, eine negative Prognose zu geben. Schließlich hoffte ich auf eine Genesung. Auf jeden Fall war ich irritiert und fühlte mich ziemlich unsicher."

Ich spürte, dass Annis Traum den Hooger Schiffer nicht nur beschäftigte, sondern ihn aufwühlte wie Starkwinde das Meer aufwühlen. Die Intensität, mit der er nach einer Deutung suchte, zeigte es. Danach hatte auch mich der Traum nicht mehr losgelassen.

Tage vergingen. Anni wurde abermals operiert. Doch konnte der Tumor, der nach Auskunft der Ärzte aggressiv war, nicht gänzlich entfernt werden. Als sie wieder auf der Station war in einem Zimmer, von dem aus sie im Husumer Schlosspark die lila blühenden Krokusse sehen konnte, deren Frühlingsfrische noch Kühle ausstrahlte, und Ricklef sie mit Swantje besuchte, hatte sie noch die Hoffnung, alles würde gut werden.

Doch dann kam die Wende.

Ricklef wusste nicht, wie das Tun der Krankengymnastin zu beurteilen war, die zwei Tage nach der Operation Übungen mit ihr durchführte. Jedenfalls stellte sich in der Nacht danach eine Lungenembolie ein. Anni kam auf die Intensivstation, wurde an Apparate angeschlossen und mit Medikamenten versorgt, die sie am Leben hielten. In Käpt'n Petersen aber blieb nur das dumpfe Echo eines Wortes zurück, das der Chefarzt nach der Diagnose „Embolie" gesprochen hatte: „Schicksal", meinte er, das sei Schicksal.

Zwei Tage vor Annis Tod bekam Ricklef einen alarmierenden Anruf aus der Intensivstation: Ihr Zustand habe sich sehr verschlechtert. Es könnte zu Ende gehen. Zwischenzeitlich hätten sich Herzrhythmusstörungen eingestellt. Als dann auch die Nieren nicht mehr funktionierten und sie gefragt wurde, ob eine Dialyse eingeleitet werden soll, winkte Anni ab und sagte, *es sei genug*! Anni und Ricklef hatten früher schon verfügt, dass sie keine lebensverlängernden Maßnahmen wollten, wenn nur noch „Apparate" sie am Leben hielten.

Am Tag, als Anni starb, kam Käpt'n Petersen noch einmal mit den Ärzten zusammen, die sie operiert hatten. Er wollte von ihnen eine genaue Einschätzung und für sich die Gewissheit, dass von ihrer Seite alles getan worden ist, seine Frau menschenwürdig am Leben zu erhalten. Nach diesem Gespräch wurden die medizinischen Apparate abgeschaltet.

Anni war ganz bei Bewusstsein und innerlich bereit, alles loszulassen, was zu dieser Welt gehört. Sie erklärte Swantje noch, was sie anhaben wollte, wenn sie gestorben wäre, und sagte zu Ricklef, dass auf ihrem Sarg nur eine Kerze stehen sollte, nur ein Licht.

Als sie dann im späten Licht eines Frühlingstages den letzten Atemzug tat und friedlich ohne Schmerzen eingeschlafen war, fragte sich Ricklef, wer eigentlich den besseren Part habe - sie, die gestorben war, oder er, der jetzt leben musste - ohne sie?

Später las ich in seinem Logbuch die Sätze:

Der Stachel des Schmerzes nach dem Verlust eines lieben Menschen ist die Unwiderruflichkeit. Sie hat mir das traurige Gefühl vermittelt, nicht nur den Anderen verloren zu haben, sondern mit ihm auch eigene Lebensmöglichkeiten. Mit Annis Tod ist ein Stück von mir selbst weggebrochen und zu Grabe getragen. Eben all das, was das Mädchen mit den blonden Zöpfen und lachenden Augen in mir ausgefüllt hat, solange sie lebte.

Als ich Käpt'n Petersen später noch einmal aufsuchte, um den Ablauf der Trauerfeier in der Hallig-Kirche zu besprechen, kamen wir auch auf Annis Traum zu sprechen, den sie im Krankenhaus geträumt hatte. „Ob man nicht vom Ende her den Traum verstehen kann und deuten muss?", gab ich zu bedenken.

„Du hast eine Idee? Was meinst du?", sagte Ricklef und schaute mich aus traurigen Augen erwartungsvoll an.

„Nun, die Bilder in eurem Flur zeigen doch Landschaften aus der Halligwelt, wenn ich recht sehe. Es sind Bildmotive, die Anni liebte und unverwechselbar zu ihrem Leben gehörten?"

Käpt'n Petersen nickte.

„Wenn sie nun in ihrem Traum keine Bilder mehr in den Rahmen sieht", fuhr ich fort, „so könnte dies ein Zeichen dafür sein, dass Annis Halligleben zu Ende ist. Aber eben auch bedeuten, dass die bilderlosen Rahmen nur deshalb leer sind, ja, leer werden müssen, um neuen Bildern Raum zu schaffen, die von einem Leben jenseits der Todeslinie erzählen."

„Willst du damit sagen, dass in Annis Ende verborgen auch ein neuer Anfang steckt?"

„Ja, ein neuer Anfang, ausgedrückt in der Symbolsprache des Traums. Neue Bilder können erst erscheinen, wenn für sie Raum vorhanden ist. Die Bilder diesseitigen Lebens verschwinden, damit Raum wird für Neues, für Bilder der kommenden Welt, die unsichtbar sind, solange wir auf dieser Erde leben."

Stille erfüllte den Raum, in dem wir saßen.

„Vielleicht ist es so, wie du sagst", meinte nachdenklich der alte Mann und lächelte. „Ja, vielleicht", flüsterte er.

39. Sich selbst als Anderen erleben

Die Wochen und Monate nach Annis Beerdigung sahen Käpt'n Petersen recht gefasst und wie gewohnt bei seiner Arbeit als Frachtschiffer im Wattenmeer. Doch spürte er mit den Jahren die Last des Alters immer stärker und schmerzhafter. Aber was das Gezeitenmeer von ihm auch im Alter zurückfordern und aus ihm wie von einer Abbruchkante herausbrechen würde, nie wäre er auf den Gedanken gekommen, die Hallig zu verlassen und ans Festland zu ziehen. Auch nicht, als Swantje, die mit ihrem Freund die Hallig verlassen hatte, ihrem Vater nahelegte, zu ihnen nach Husum zu ziehen, um dem Alleinsein und der Einsamkeit zu entgehen. Bei ihnen hätte er doch alles, was er zum Leben bräuchte, sagte sie.

Ricklef dagegen behauptete, die Luft, die er über großen Wassern atme, sei für ihn Freiheit. Hätte er die nicht, würde er ersticken. Und Einsamkeit, wie er sie auf der Hallig erlebe, erschließe ihm im Sturm des Vorübergehenden eine Stille, die ihn den Lärm der Welt vergessen ließe, erklärte er, als wir zum letzten Mal in der Runde zur Dämmerstunde zusammensaßen und ihn aus seinem Leben erzählen hörten.

Die Stille, sagte er, würde seine Kreativität fördern. Sie habe hier draußen jenseits des Festlandes eine Stimme, die ihn daran erinnerte, mehr auf das zu achten, was ihm Freude machte, als auf das, was ihm fehlte; und nur die Dinge zu behalten, die er wieder loslassen konnte. Um jedoch Einsamkeit kreativ zu erleben, brauche es Respekt und tiefe Achtung vor Himmel und Meer, die den Menschen erhalten, aber auch töten können, wenn er ihnen gegenüber ohne Demut sei.

Fünf oder sechs Jahre mochten nach Annis Tod vergangen sein, als es zu einer Begegnung kam, die für Käpt'n Petersen von großer Bedeutung werden sollte. In sein Logbuch notierte er, wie alles begann:

Erlebte heute die Stunden nach Sonnenuntergang so ganz ohne Hektik. Muss immer wieder an den jungen Burschen denken, der gestern im Husumer Außenhafen plötzlich vor mir stand und mich mit Blicken aus großen hellblauen Augen anstarrte, während seine Hände zwischen den Oberschenkeln in den Hosen ruhten. Sein waches, sonnendurchflutetes Jungengesicht unter dichten, hellen Locken geht mir nicht aus dem Sinn. Die Ähnlichkeit mit Kai-Uwe war frappierend. Als er sich im Weggehen noch einmal umdreh-

te, hatte er das verträumte Lächeln unseres Jungen. Hätte ich ihn doch nur angesprochen und gefragt, ob er etwas suche oder ich ihm behilflich sein könne. Leider tat ich es nicht. Er hatte etwas, das mich zu ihm hinzog und neugierig machte. Ich weiß nicht, was es war. Aber mich durchströmte ein Gefühl, dass die Begegnung mit ihm mir gutgetan hätte. Schon immer beseelte mich der Wunsch, aber nach dem Verlust von Anni spürbarer als je zuvor, im Anderen eigene Lebensmöglichkeiten aufzudecken und zu verwirklichen, die bisher nur als Sehnsüchte, Potenzen und Träume in mir schlummerten. Schade, dass es dazu nicht kam.

Käpt'n Ricklef Petersen wusste, dass der beste Weg, mehr über sich selbst in Erfahrung zu bringen und sich seiner zu vergewissern, der ist, einen Anderen kennen, lieben und verstehen zu lernen. Umso mehr bedauerte er die verpasste Chance, nicht mit dem Jungen ins Gespräch gekommen zu sein, der kaum älter als siebzehn war und dessen Weg nicht zuletzt aufgrund des unterschiedlichen Alters eine andere Logik besitzt als diejenige, die sein eigenes Leben bestimmt hat. Nach der flüchtigen Begegnung im Husumer Außenhafen glaubte Ricklef nicht, ihn noch einmal wiederzusehen.

Doch stand wenige Tage später dieser junge Mann, der ihm im Husumer Außenhafen begegnet war, vor der Tür seiner Kate auf Backenswarft. Ricklef traute seinen Augen nicht, als er ihn sah. Er war so überrascht und freudig erregt, dass es ihm den Atem verschlug. Er ist es wirklich, dachte er, bat ihn, ins Haus zu kommen und führte ihn in den Pesel, wo er

Platz nahm und mit großen Augen die Bemalung der Decke, die alten holländischen Fliesen, den Bilegger und alles Übrige im Wohnraum aufmerksam betrachtete. Das aber tat er nicht wie ein Fremder, der alles zum ersten Mal sieht, sondern so, als wäre es ihm irgendwie schon vertraut, wie Käpt'n Petersen überrascht feststellte. Und als er sich, bevor sie ins Gespräch kamen, eine Pfeife stopfte und sie ansteckte, da verriet ihm das Lächeln, mit dem der junge Gast sein Tun quittierte, eines zu sein, das um seine Vorliebe für den blauen Dunst wusste. Minuten vergingen, bis Käpt'n Petersen das Wort ergriff.

„Wir haben uns schon mal gesehen."

„Ja, vor drei Tagen im Husumer Hafen."

„Aber nicht miteinander gesprochen."

„So ist es. Ich sah Sie auf dem Schiff stehen, war mir aber nicht sicher, ob Sie es sind, Käpt'n Petersen, darum hab' ich Sie nicht angesprochen und bin weitergegangen ... Mein Name ist Jonatan Goldhagen."

„Was? Du bist Jonatan? ... Jonatan, der Sohn von Sarah Goldhagen aus Jerusalem?! Ich ahnte es."

„Ja, der bin ich."

„Kaum zu glauben. Dann haben wir uns schon einmal gesehen, Jonatan. Vor Jahren in Jerusalem. Weißt du das? Nein, natürlich nicht. Du warst man gerade drei Jahre alt ... Jetzt wird mir alles klar. Als ich dich im Husumer Hafen sah, kamst du mir irgendwie bekannt vor. Du hast mich an Kai-Uwe, meinen Sohn, erinnert. Dass es aber dieselben hellblauen Augen unter dem blonden Lockenkopf des damals Dreijährigen sind, die ich im Hafen sah, das ist mir ehrlich gesagt nicht eingefallen. Was für eine Überraschung und Freude, Jonatan, dich wiederzusehen."

„Ich bin sehr froh, Sie, Käpt'n Petersen, gefunden zu haben."

„Nix *Sie*, nix *Käpt'n* … Ich bin *Ricklef* für dich, Jonatan."

„Meine Mutter hat mir viel erzählt über Hallig Hooge."

„Offensichtlich auch sehr genau und ausführlich mit Einzelheiten aus den Innenräumen unseres Hauses. Habe schon bemerkt, dass dir der Pesel so unbekannt nicht ist, obwohl du zum ersten Mal hier bist … Aber Sarah, deine Mutter, sag, wie geht es ihr? Warum haben wir nichts mehr von ihr gehört? Irgendwann, da lebte Anni noch, bekamen wir keine Post mehr von ihr. Unsere Briefe blieben unbeantwortet. Wir hatten uns schon gefragt, ob wir irgendwas falsch gemacht haben."

„Nein, das glaub ich nicht. Sie hat sich nach Vaters Absturz im Sinai sehr zurückgezogen und tut es bis heute. Einer der wenigen, mit denen sich meine Mutter öfter getroffen hat, war Djamal, ihr Freund aus der Schulzeit."

„Ja, ich erinnere mich an ihn. Als wir in Jerusalem waren, sind wir ihm begegnet. Er hat uns nach Mar Saba begleitet. Ein freundlicher, ein kluger Mann, hatte ich den Eindruck. Gut, dass Sarah ihn hat und Djamal mit ihr Kontakt hält."

„Hab aber natürlich gespürt, meine Mutter wollte in all den Jahren vor allem für mich da sein. Das hat sie auch öfter gesagt, wenn sie gefragt wurde, warum sie so selten zu sehen ist und zurückgezogen lebt."

„Aber war sie denn bereit, dich gehen zu lassen, als du gesagt hast, dass du zu mir nach Hallig Hooge willst?"

„Ja, ja, das war sie. Ich war auch erstaunt. Aber sie hatte Verständnis für mich und meinen Plan, nach Spuren meines Vaters zu suchen. Dafür bin ich ihr sehr dankbar."

„Und mir hat Sarah damit, dass sie dich gehen ließ, ein großes Geschenk gemacht."

Jonatan schwieg einen Augenblick und richtete seinen Blick auf das Jona-Bild am Bilegger. Dann sagte er: „Mich hat sehr berührt und irgendwie auch nachdenklich gemacht, dass meine Mutter mir nicht nur viel aus Vaters Leben erzählt hat, vor allem natürlich von seinem Absturz im Wattenmeer im Kriegsjahr vierundvierzig und der Zeit bei euch auf Hooge bis zur Flucht, sondern auch von Kai-Uwe, eurem Sohn – – –

Er war ja mehrfach und zuletzt noch kurz vor meiner Geburt in Jaffa zu Besuch, wie ich von Mutter hörte. Sein Tod ist ihr, glaub ich, näher gegangen, als sie zugeben wollte. Denn wenn ich nachfragte und Genaueres wissen wollte, wich sie mir aus und hatte Tränen in den Augen. Ich hatte dann immer das Gefühl, dass sie mir etwas verschweigt. Es muss da noch etwas sein, was die Freundschaft meiner Eltern mit Kai-Uwe so ganz besonders gemacht hat. Ich würde mich freuen, Käpt'n, von dir auch noch mehr über Kai-Uwe zu hören."

„Vielleicht hast du recht, Jonatan, dass da noch ein Geheimnis ist, was die Beziehung Kai-Uwes zu Jelle und auch zu Sarah angeht … Aber sag, wie lange willst du bleiben?"

„Ich weiß es nicht."

„Würde mich freuen, wenn du bleibst und mich auf der *Annemarie* begleitest als Steuermann. Vielleicht machst du eines Tages dann auch dein Patent und wirst mein Nachfolger. Kannst du dir das vorstellen? Was hältst du davon?"

„Schon möglich, dass ich bleibe", sprach Jonatan, der wahrnahm, dass Ricklef bei den letzten Sätzen feuchte Augen bekam. „Ja, vielleicht, Käpt'n, wenn ich hier finde, was ich suche ... Ich blicke nach vorn ... Nichts ist unmöglich."

Käpt'n Petersen konnte, während sie miteinander sprachen, seinen Blick nicht von Jonatan wenden. Er glaubte, ein gütiges Geschick habe den Sohn Sarahs zu ihm gebracht. Der Gedanke, dass er bei ihm bleiben könnte, beflügelte den alten Mann und ließ ihn den blauen Dunst der Pfeife wieder wie früher mit Lust und Leidenschaft genießen, die in ihm nach Annis Tod weitgehend erloschen waren.

Die folgenden Wochen und Monate sahen Ricklef und Jonatan auf See in der Insel- und Halligwelt. Für den Achtzigjährigen dehnten sich auf der *Annemarie* die Stunden mit Jonatan zu unvergesslichen Augenblicken, die ihn in Erstaunen versetzten. Denn irgendwann hatte er angefangen, in dem Siebzehnjährigen sich selbst wie in einem Spiegel zu sehen. Wie aber war das möglich?, fragte er sich im Stillen. Er spürte, dass die Begegnung mit Jonatan ihn vor Fragen stellte, von denen er zuvor noch nichts wusste:

Ob Jugend im vollen Sinne nur an Jahre gebunden ist? Und was einen alten Menschen mit einem Siebzehnjährigen gleichzeitig machen könnte? Was heißt überhaupt alt oder jung, wenn der Geist des Menschen nicht nach Jahren zählt? Ist nicht der

Geist in allen Lebensstufen derselbe? Macht er nicht Jung und Alt gleichzeitig? Lauter Fragen, die Jonatans Dasein in ihm aufdeckte, und mit den Fragen die Gedanken, die es Ricklef ermöglichten, sich selbst in dem Jungen als Anderen zu erleben. Ins Logbuch schrieb er:

Erst jetzt im reifen Alter, in dem ich dank Jonatan in ein jüngeres Ich eingetaucht bin, öffnet sich mir das Tor zu einer Wirklichkeit, in der sich Vergangenes und Zukünftiges zu einem ewigen Heute und Hier und Jetzt verdichten. Der jeweilige Augenblick, den ich im Leben habe, - er ist das Wichtigste, gleich, in welchem Alter ich bin. Das muss ich mir in Herz und Sinn schreiben. Die wahre Zukunft ist das Heute.

40. Der weite Raum und die Musik des Windes

So geschah es dank der Begegnung mit dem siebzehnjährigen Jonatan, dass sich in Käpt'n Ricklef Petersen eine Zeiterfahrung mitteilte, die ihn auf weiten Raum stellte, wo er, so alt er war, nicht ermüdete. Auf weitem Raum durchströmte den alten Mann bis an sein Lebensende dieselbe Kraft, von der seine Seele in jungen Jahren überflutet wurde und die ihn auf See in all den Jahren als Frachtschiffer in so wechselnden Farben angesehen und auf ihn eingewirkt hat. *Dem weiten Raum verdanke er eine Perspektive über den sichtbaren Horizont hinaus*, ist eine seiner letzten Eintragungen im Logbuch. *Er sei ein Ort der Zuversicht*, schrieb er, *in dem sich Dunkles in Licht und Ferne in*

Weite verwandelt. Auf weitem Raum vergesse er die Last seiner Jahre und sehe er nach vorn.

Und so war's nicht verwunderlich, dass Käpt'n Petersen, getragen vom *weiten Raum*, bis an sein Lebensende nach dem Wind dürstete, dem *Atem des Himmels,* der ihm im Sturm rau ins Gesicht fuhr und das Salz des Meeres auf die Lippen trieb, im nächsten Augenblick aber wieder schweigen konnte, dass sich nichts mehr regte und bewegte. Für Ricklef war der Wind die Musik, die er von Kindheit an liebte. Er hatte für ihn etwas von einem Orchester mit vielen Stimmen.

Vom Pianissimo bis hin zum Fortissimo haben die Winde alles drauf, heißt es im Logbuch, und *dass in ihnen noch ein Schweigendes ist, wenn sie gewaltig daherkommen und lautstark aufspielen. Jenseits des Festlandes, in baumloser Weite, lerne man, den Wind durchzubuchstabieren – von der leichten Brise über Turbulenzen und Stürme bis hin zum Orkan.*

Eine späte Eintragung im Logbuch berichtet von einer Begegnung mit einem Flötisten, der auf Hooge Urlaub machte und in der Hallig-Kirche ein Konzert gab. Aus dem Gespräch mit ihm zitierte Ricklef Sätze des Solisten über die Partitur musikalischer Werke, die dem Schiffer zum Gleichnis für die Halligwelt wurden und ihn tief bewegt haben müssen:

Man muss wissen, dass in der Partitur musikalischer Werke nicht nur Noten stehen, die gespielt oder gesungen werden. Es gibt zwischen den Noten auch Räume, die „geschwiegen" werden. Sie sind bei einem öffentlichen Konzert nicht zu hören. Doch bleiben sie nicht leer. Es seien die ungesungenen Lieder von Menschen, die sich lieben, meinte der Flötist. Für mich in der Halligwelt aber sind es die ungesungenen Lieder der Menschen, die von Rungholt an bis heute von großen Wassern bedeckt wurden und die Sturmfluten nicht überlebten.

Käpt'n Ricklef Petersen führte ein Halligleben, dessen Tage, Monate und Jahre dahinflossen in den Farben des Meeres zwischen Ebbe und Flut. In geheimnisvoller Tiefe, vielfach verborgen unter Mühsal und Arbeit wie unter Eis und Stürmen lag, was sein Glück ausmachte. Es aus der Tiefe nach oben zu ziehen, ins Licht des Erklärbaren, hätte er wohl als Verrat an diesem Glück empfunden. Seine Lebensjahre hatten etwas vom Gezeitenstrom, der kommt und geht, anspült und wegspült, der gibt und nimmt. Im Logbuch fasste es Käpt'n Petersen mit diesen Worten zusammen:

Solange du jung bist und im Vollbesitz deiner Kräfte, lebst du in dem Gefühl, der Gezeitenstrom würde dir mehr geben als nehmen, mehr anspülen als wegspülen. Im Alter aber, wenn die Jahre kommen, von denen du sagst: „sie gefallen mir nicht“, gleichst du einer Abbruchkante, aus der die Wasser Stück um Stück, Ecke um Ecke, Kante um Kante herausbrechen, bis dich am Ende, ganz am Ende das Meer aufnimmt und empfängt mit dem Kuss seines Mundes.

* * *

Inhalt

LEINEN LOS 5

Erstes Kapitel

1. Die Stimme der Wasser 9
2. Die verrinnende Zeit 11
3. Atemhilfe 15
4. Der Halligmaler 18
5. Knabe mit Schiff 22
6. Tod des Schiffers 25

Zweites Kapitel

7. Der Engel der Wasser 28
8. Das Feuer der Biike 37
9. Die Walfischtür 41
10. Der Wettkampf 46
11. Die rote Nelke 54

Drittes Kapitel

12. Die höhere Klugheit des Windes 58
13. Das Weihnachtsschiff 62
14. Haselnussketten und Erlenfrüchte 73
15. Der Europagedanke 80
16. Das Eisbootunternehmen 85

Viertes Kapitel

17. Das Zollschiff 91
18. Im Hauptzollamt 98
19. Ein Mensch 104

Fünftes Kapitel

20. Lili Marleen 111
21. Vorwärts mit frischer Brise 117
22. Jelle und das Wrack der Ulpiano 122
23. Albträume 127
24. Friesen sollen frei sein 133

Sechstes Kapitel

25. Naturimpulse und Fluchtenergie 139
26. Die Totmeldung 144
27. Die Nacht der Flucht 149
28. Magnetminen 153

Siebtes Kapitel

29. Heimkehr 159
30. Die Postkarte aus Jaffa 164
31. Jaffa-Apfelsinen 169
32. Der Untergang der „Ormen Friske" 174

Achtes Kapitel

33. Schalom und Salam 183
34. Die purpurnen Wasser 191
35. Jelles Flugkünste 196
36. Jerusalem 202
37. Die Rose von Jericho 212

Neuntes Kapitel

38. Annis letzter Traum 223
39. Sich selbst als Anderen erleben 228
40. Der weite Raum und die Musik des Windes . . 235